EL BEBÉ MES A MES

DEL NACIMIENTO AL PRIMER CUMPLEAÑOS

© Claudia Vargas
© EDITORIAL JUVENTUD, S. A. 2002
Provença, 101 - 08029 Barcelona
info@editorialjuventud.es
www.editorialjuventud.es

Primera edición, 2003
Depósito legal: B. 2128-2003
ISBN 84-261-3284-7
Núm. de edición de E. J.: 10.164
Impreso en España - Printed in Spain
Carvigraf, c/Cot 31, Ripollet

Claudia Vargas

EL BEBÉ MES A MES

DEL NACIMIENTO AL PRIMER CUMPLEAÑOS

EDITORIAL JUVENTUD, S. A.

PRO

ÍNDICE

Miles de sueños y expectativas acompañan a los padres primerizos durante el embarazo. ¿Cómo será el bebé? ¿A quién se parecerá? ¿Qué aspecto tendrá? Durante nueve largos meses han fantaseado los pormenores del nacimiento, han imaginado los rasgos de su hijo, su temperamento, sus reacciones, y han previsto, además, todos los cambios que implica su futura condición de padres. Sin embargo, cuando el bebé nace, no pueden dejar de sentir que la vida los ha tomado por sorpresa. El bebé ya está allí: tierno, frágil, pequeñito y con inmensas ganas de vivir. Ellos, entre maravillados y nerviosos, recuerdan vagamente los innumerables consejos que les dio la matrona, el pediatra, la amiga del amigo de..., pero no atinan a saber, a ciencia cierta, qué es lo que tienen que hacer, cómo hacerlo, cuándo y por qué. La naturaleza les irá indicando el camino; porque, por fortuna, para ser padres no hace falta ser un experto en niños. Hace falta, eso sí, atender al instinto y valerse del sentido común. Las dudas seguirán presentes y para cada una de ellas habrá una respuesta. Mientras más experiencia ganen, más fácil les resultará resolver los pequeños problemas que se presenten. Claro está que nunca sobra una información confiable en el momento oportuno. Esa es la intención de nuestro libro: servir de soporte a los padres y ayudarlos a resolver las dudas que tengan sobre el cuidado, la salud y el desarrollo de su bebé.

El bebé mes a mes es un libro práctico que describe de forma detallada el proceso evolutivo del niño. Cada capítulo inicia con una descripción pormenorizada de las características físicas del bebé, de sus capacidades y sus habilidades. Allí usted podrá encontrar la información básica referida al desarrollo motriz, a los índices de talla y peso; a la forma como el bebé percibe el mundo y a las relaciones que establece. A continuación se describen las necesidades primarias del niño: afecto, alimentación, sueño y necesidades fisiológicas. Estas dos secciones, de carácter divulgativo, pretenden dar minuciosa cuenta de todos los cambios que se van presentando a medida que el bebé crece. Posteriormente se desarrollan dos apartados con consejos prácticos referidos a los cuidados específicos para cada etapa y a los incidentes o problemas de salud que más preocupan a los padres. El capítulo termina con un tema destacado que se desarrolla en profundidad. Aunque la información que allí se encuentra está estrechamente relacionada con el mes específico donde se ubica, también puede ser consultado de forma independiente, ya que contiene información útil que abarca periodos más amplios.

Dada la estructura de este libro, no es preciso leerlo de principio a fin. Al contrario, nuestra idea es que se consulte mes a mes, de modo que baste con anticiparse una o dos semanas para saber lo que pueden esperar de su bebé en la temporada siguiente y para estar preparados para los cambios que se presentarán.

Es preciso aclarar que las descripciones de las capacidades físicas del bebé han de tomarse como un marco de referencia bastante amplio. Nunca como un listado de requisitos que el niño debe cumplir con rigor. No todos los bebés se desarrollan al mismo tiempo; así que usted puede esperar, por ejemplo, que el niño soporte el peso de la cabeza al final del cuarto mes, tal como señalamos, pero es bien posible que el niño lo haga antes o en la primera o segunda semana del quinto mes. Nosotros hemos establecido esas pautas teniendo en cuenta los progresos que suelen realizar la mayoría de los bebés en cada etapa. Eso no quiere decir que el bebé sea más o menos listo porque tarde un poco más en hacer una o dos de las cosas que se espera que haga. Lo que puede ser señal de alarma es que no logre hacer ninguna o la mayor parte de ellas.

Para terminar diremos que *El bebé mes a mes* no es solo un manual donde se dan consejos prácticos sobre el cuidado del niño. Es, sobre todo, una guía que permite comprender tanto la evolución física del bebé como el desarrollo gradual de aspectos tan importantes como la socialización, la vida afectiva, la adquisición del lenguaje o el proceso de aprendizaje. Son tantos los matices que acompañan el crecimiento del bebé, y es tan sorprendente cada uno de ellos, que bien vale la pena entender un poco mejor la forma como el pequeño cambia y evoluciona.

Esperamos que nuestro libro cumpla con su cometido y que los padres disfruten enormemente de un año lleno de emoción y alegría. Estos doce meses serán, sin duda alguna, la etapa más asombrosa en la vida del bebé y la que mejores recuerdos dejará en toda la familia.

EL BEBÉ YA ESTÁ EN CASA

Con el nacimiento del bebé se pone fin al periodo de espera, a la inquietud por el parto y a las expectativas que preceden al encuentro. Cuando el recién nacido llega al hogar inicia con sus padres una etapa de conocimiento mutuo. Empieza un largo y maravilloso recorrido que los conduce al afecto y a la comunicación.

Puede que en los primeros días la tarea de criar un bebé parezca abrumadora y complicada pero a medida que pase el tiempo se demostrará lo contrario. Una vez que se establezcan ciertas rutinas irá surgiendo la confianza, la tranquilidad y la gratificante sensación de comprender a su hijo.

Los padres deben tener presente que cada bebé es un mundo y que además los hay para todos los gustos: llorones, nerviosos, apacibles, glotones y sociables. Su individualidad depende de aspectos tan complejos como: la carga genética, el temperamento y las condiciones del medio que lo rodea.

El recién nacido, a pesar de llevar tan poco tiempo en el mundo, tiene unas características propias que lo definen y lo diferencian de los demás. Es de vital importancia aprender a reconocer su carácter, sus ritmos, sus necesidades, de manera que sea sencillo contrastar esa información con el desarrollo evolutivo propio de su edad.

El recién nacido es un ser preparado para la vida. La naturaleza lo ha dotado de una serie de mecanismos que garantizan su supervivencia. Aunque parezca tan pequeñito y frágil él es poseedor de un fuerte instinto que se manifiesta en distintos tipos de reflejos –respuestas o movimientos automáticos– que le permiten solventar sus necesidades más inmediatas. Veamos algunos de ellos:

EL REFLEJO DEL MORO O EL REFLEJO DE SOBRESALTO

Cuando el bebé recibe un estímulo demasiado fuerte, por ejemplo, cuando se le deja caer la cabeza hacia atrás, reaccionará inmediatamente estirándose por completo hasta arquear la columna. Al principio mantendrá los brazos y piernas muy rígidos y después los flexionará hacia delante como intentando agarrarse a algo.

EL REFLEJO DE SUCCIÓN

El niño succiona con energía cualquier objeto que se le ponga en la boca. Se aferra al pecho de la madre y succiona porque no puede alimentarse de otra manera. Este reflejo tan fuerte hace su aparición aun antes del nacimiento. Cerca de la semana 34 del embarazo el niño ya se chupa el pulgar.

Aunque a simple vista el hecho de lactar parezca sencillo, no es así. Es un elaborado proceso en el que se complementan funciones tan sutiles como respirar y deglutir. A medida que el niño crece, estas funciones se irán separando.

EL REFLEJO DE BÚSQUEDA

Si se le pone un objeto cerca de la boca, el niño girará la cabeza en la dirección en que este se encuentre y tratará de llevárselo a la boca. Gracias a este reflejo el niño se dirige de forma eficaz hacia las fuentes de alimentación: el pecho o el biberón.

EL REFLEJO DE PRENSIÓN

Cuando se le ponga un objeto en la palma de la mano, el bebé instintivamente cerrará el puño y flexionará los brazos. De la misma manera, cuando se le ofrecen los dedos índices y se intenta levantarlo en vilo, hace tanta fuerza que logra soportar, durante unos pocos segundos, gran parte de su peso.

EL REFLEJO DE MARCHA

Si se pone al bebé en posición vertical y se le apoya sobre una superficie sólida moverá las piernas como si intentara caminar.

DESARROLLO MOTRIZ

✓ El recién nacido se mantiene todo el tiempo en posición fetal con los brazos y piernas flexionados sobre el cuerpo. Las manos permanecen cerradas debido al reflejo de prensión.

✓ Aún no tiene dominio sobre la cabeza. En proporción al resto del cuerpo la cabeza es más grande y pesada. Los músculos del cuello no se han ejercitado lo suficiente como para sostenerla.

✓ Los movimientos del bebé son todavía bruscos y descoordinados pues su sistema nervioso aún no está lo suficientemente maduro. A medida que vaya creciendo mejorará su capacidad de coordinación y simetría.

✓ Durante las tres primeras semanas el bebé se desarrolla con rapidez. A la cuarta semana el tono muscular del niño habrá mejorado al igual que los actos reflejos de succionar y deglutir.

✓ Al final del primer mes, si se le deja en posición boca abajo, ladeará la cabeza y la podrá separar durante unos pocos segundos del punto donde la apoya. Intentará flexionar los codos y mover las piernas como si quisiera reptar. Boca arriba, permanece con los brazos y las piernas flexionados. Puede mantener la cabeza en línea media durante brevísimos lapsos de tiempo.

CARACTERÍSTICAS FÍSICAS

PESO

El peso de un bebé recién nacido es, como media, de unos 3500 gramos para los varones y 3250 para las niñas. Estadísticamente el peso regular de los recién nacidos oscila entre 2500 a 3500 gramos.

En los tres o cuatro primeros días el bebé ha de adaptarse a la nueva forma de alimentación, por eso es perfectamente normal que pierda cerca del 10 % de su peso. A partir del quinto día empezará a recuperarlo. Tendrá el mismo peso que en el momento de su nacimiento sobre el día 10 u 11. De ahí en adelante aumentará. En el primer mes sube, aproximadamente, 200 g por semana.

Para controlar el normal desarrollo del bebé es preciso pesarlo una vez a la semana durante los dos primeros meses y, por lo menos, una vez al mes hasta que cumpla el primer año.

TALLA

La talla se mide estando el bebé tendido boca arriba. Solo a partir de los dos años se toman las medidas estando el niño de pie.

La talla del bebé al nacer, desde la parte superior de la cabeza hasta el talón, es de unos 47 a 52 centímetros. Si es niño la talla promedio es de 50 cm, y si se trata de niñas es de 49 cm.

Durante el primer mes el bebé crece aproximadamente 4 centímetros.

VALORES DEL PERÍMETRO CRANEAL

Este es uno de los parámetros fundamentales que el médico revisa en cada visita. Esta medición le permite verificar el correcto desarrollo del cerebro. El perímetro craneal de un recién nacido oscila entre 35 a 37 cm y es equivalente a su altura si pudiera sentarse.

ASPECTOS FUNCIONALES

VISTA

La vista de un bebé recién nacido aún no está completamente desarrollada. Durante las primeras semanas el niño es capaz de percibir la luz y los contrastes del claroscuro. Su tendencia natural es dirigir la vista hacia las fuentes de luz pero cerrará los párpados si es demasiado intensa. Su campo de visión no sobrepasa los 30 centímetros; solo a esta distancia puede enfocar lo que tiene al frente. Finalizando el primer mes podrá enfocar a una distancia menor, entre 16 y 18 centímetros. Es posible que a la cuarta semana consiga seguir con la mirada un objeto que se desplaza en sentido horizontal.

Desde que el niño abre los ojos, a los pocos días de nacer, lo que más le atrae es el rostro humano, en especial el de su madre. El rostro materno es su modelo visual.

TACTO

El tacto es quizá el sentido que tienen más desarrollado los recién nacidos. A través de la piel obtienen información sobre su entorno y experimentan sensaciones como el frío, el calor, la humedad, etc. La piel del bebé es muy sensible al dolor y a la estimulación táctil. Está demostrado que las caricias, los masajes y los besos le trasmiten al niño la sensación de seguridad que necesita para crecer sano.

OÍDO

El recién nacido puede percibir los sonidos que le rodean. De hecho podía hacerlo desde antes de nacer. Uno de los sonidos que le resulta más conocido y relajante es el latido del corazón. Al parecer, concilian mejor el sueño cuando se les acuna sobre el hombro izquierdo; la rítmica repetición de los latidos del corazón los calma.

Los bebés pueden reconocer sin problema la voz de la madre. Identifican la voz del padre si están habituados a escucharlo desde el embarazo. Según estudios clínicos, los bebés prefieren las voces y los sonidos graves que las voces agudas y los sonidos estridentes.

Aunque todavía no pueden localizar la fuente de los sonidos son muy sensibles a la intensidad de los mismos. Se sobresaltan con el ruido.

OLFATO

A través del olfato el niño puede reconocer la presencia de su madre y distinguirla de otras personas. Los recién nacidos son muy sensibles al olor que acompaña los alimentos dulces, ya que lo asocian con el de la leche materna.

Los olores demasiado fuertes les pueden resultan contraproducentes, razón por la cual se recomienda abandonar temporalmente el uso de perfumes y colonias.

GUSTO

El bebé, desde el nacimiento, puede reconocer los cuatro sabores básicos (dulce, salado, ácido y amargo), sin embargo, siente especial predilección por lo dulce. Este es el sabor característico de la leche materna y del líquido amniótico.

Si se le dan a probar soluciones saladas, ácidas o amargas hace gestos de rechazo mientras que reacciona a lo dulce succionando.

ASPECTOS SOCIALES

El recién nacido se tranquiliza cuando la madre le presta atención. Demuestra satisfacción al ser levantado en brazos y sonríe, aunque todavía en su risa no haya una intención socializadora. Cuando la madre lo carga, lo acuna, lo acaricia y le da el pecho el niño está completamente relajado y feliz.

Al final del primer mes los bebés suelen emitir sonidos guturales que les sirven para manifestar sus necesidades afectivas. También son capaces de diferenciar los distintos aspectos del lenguaje materno: cariño, ansiedad, sosiego, etc.

IMPORTANCIA DEL LLANTO COMO MEDIO DE COMUNICACIÓN

La única forma que tiene el bebé para comunicarse es a través del llanto. El llanto es una señal clara e inequívoca de una necesidad específica: hambre, cansancio, sueño, incomodidad, atención, etc. A medida que las madres van ganado experiencia se convierten en grandes intérpretes de los deseos de sus hijos. Ellas, de forma intuitiva, reconocen los indicios que acompañan los distintos tipos de llanto.

El llanto más común está asociado con la sensación de hambre: es continuo, enérgico, y se calma rápidamente cuando se le ofrece el pecho. Hay señales claras de que el niño tiene hambre cuando se despierta, se mueve en la cuna y llora. Si continúa llorando después de darle de comer puede que solo se trate de que aún no está satisfecho.

En ocasiones los niños lloran simplemente porque necesitan afecto o quieren compañía. Para calmar este tipo de llanto, más débil que el anterior y similar a un balbuceo, basta con levantar al niño en brazos, con hablarle y mimarlo.

La necesidad de descanso suele expresarse mediante un llanto constante y más bien suave. Antes de llorar se muestra excitable e intranquilo, bosteza, se lleva las manos hacia los ojos.

La incomodidad debida a la humedad del pañal es también una causa frecuente de llanto. Conviene saber que durante los primeros días el bebé no puede percibir la humedad. Durante esta temporada hay que cerciorarse de que el niño esté seco y limpio.

Los llantos que no se pueden calmar de ninguna manera suelen indicar problemas de salud. Puede que el niño se tranquilice durante unos pocos segundos, mientras recibe mimos de sus padres, pero a continuación vuelve a llorar con insistencia. Hay que vigilar entonces si se presentan otros síntomas de enfermedad como fiebre, vómito, diarrea, congestión o pérdida del apetito; ante cualquiera de ellos lo mejor es acudir al pediatra.

Si el niño llora quiere decir que es capaz de expresarse. Lo que es verdaderamente preocupante es la ausencia total de llanto o los gemidos casi imperceptibles. En estos casos requiere atención médica urgente.

Sin importar la causa se recomienda atender todos los llantos del bebé. Es completamente innecesario dejarlo llorar sin ofrecerle consuelo. Si no se le presta atención tendrá sensación de impotencia y frustración. Nunca sobra cariño y ternura para dar a un niño.

NECESIDADES AFECTIVAS

LA RELACIÓN MADRE E HIJO
El bebé necesita del cariño tanto como de la comida, del calor o de los cuidados de salud. Los estudios clínicos demuestran que las manifestaciones de afecto –besos, mimos, caricias– fortalecen la personalidad del niño y redundan en su bie-

nestar general. Le ayudan a asimilar mejor los alimentos y disminuyen el riesgo de desarrollar algunas enfermedades.

La madre tiene un papel esencial en este proceso. Ella es el centro del mundo físico y afectivo del bebé; es su modelo y su sostén. Cuando la madre está cerca y se muestra receptiva el niño manifiesta su agrado; le hace saber que con ella se siente seguro y amado. Los recién nacidos viven la ausencia de la madre con ansiedad.

DESARROLLO DEL VÍNCULO AFECTIVO

La sensación de cercanía entre padres e hijos crece con el paso del tiempo. En ocasiones esa vinculación afectiva aparece ya desde el embarazo. El largo tiempo de la espera ofrece una oportunidad única para elaborar la relación; para imaginar al niño y asumir los cambios que implica su llegada.

Sin embargo, son muchos los padres que no logran sentirse ligados emocionalmente a sus hijos desde que nacen. Sólo llegan a tener esa vivencia hasta que han pasado varios días, o semanas, en contacto permanente con él. Este hecho es tan natural como el contrario. Los lazos afectivos se desarrollan con lentitud. Con el paso de los días crece el afecto y se sabe con certeza cuán sólida es la relación.

La lactancia es, sin lugar a dudas, uno de los contactos más enriquecedores en este sentido. Las madres que amamantan a sus hijos se refieren a la experiencia como un momento especial de intimidad, satisfacción y plenitud que fortalece la mutua comprensión.

Valga aclarar que el vínculo no depende exclusivamente de la lactancia. El mejor punto de partida para acercarse al bebé es dejarse llevar por sensaciones como la ternura, la delicadeza y la capacidad de asombro. La comunicación con el niño se establece en actos tan sencillos como alzarlo en brazos, mimarlo o mirarlo a los ojos mientras se le habla. La estrecha relación que mantienen bebés y padres adoptivos es una buena prueba de ello.

El desarrollo del vínculo afectivo garantiza la satisfacción de las necesidades emocionales del niño y, en últimas, su supervivencia.

NECESIDADES ALIMENTICIAS

El niño alimentado de forma natural «pide» alimento cada 2 o 3 horas. Necesita alimentarse con tanta frecuencia porqué asimila con bastante rapidez los nutrientes que la leche contiene. Si se opta por el biberón la cantidad de tomas suele ser menor.

En los primeros ocho días el niño toma leche «a demanda», aproximadamente, unas 7 u 8 veces al día. La cantidad consumida por toma es de unos 15 a 70 ml. Pasada la primera semana el promedio de tomas al día es de 6 o 7 y la cantidad de leche por toma es de 90 a 110 ml.

Recuerde que la cantidad de alimento que el bebé consume depende de la cantidad de tiempo que pase comiendo. Se tomará el tiempo que necesite hasta que logre quedar satisfecho. En las primeras tomas puede demorarse entre 3 y 5 minutos. Más adelante puede tardarse cerca de 10 minutos en el primer pecho y una cantidad similar o mayor en el segundo. Para estar tranquilos con la cantidad de leche que debe tomar el bebé lo mejor es pesarlo tal como se indicaba en el apartado anterior.

EL BIBERÓN

La opción de alimentar al bebé con biberón es muy válida y no tiene por qué generar sentimientos de culpa. Son muchos los niños que han sido criados con biberón sin que por eso hayan tenido que enfrentar mayores problemas de salud. El pediatra señalará la cantidad de tomas que el niño debe hacer, el tipo de leche que conviene al bebé, y el modo de prepararla.

Baste decir que el biberón es solo una forma de alimentar al bebé; no es, en ningún caso, un sucedáneo del afecto materno. Cuando el bebé esté comiendo es preciso acompañarlo, cargarlo y mimarlo. No se le debe dejar solo porque puede atragantarse o vomitar; además se le puede caer el biberón sin que tenga manera de recuperarlo. Para dar el biberón se han de seguir unas indicaciones básicas:

✓ Como el bebé tarda cerca de media hora en terminar el biberón es fundamental estar en una posición cómoda... Pueden usarse cojines o almohadas para apoyar los brazos.

✓ Comprobar la temperatura de la leche volcando unas pocas gotas sobre la parte exterior de la muñeca. No debe estar ni demasiado fría ni demasiado caliente.

✓ La cabeza del bebé debe estar apoyada sobre el ángulo que se forma al doblar el brazo. El niño ha de quedar prácticamente sentado sobre el antebrazo. Esta posición le facilita la tarea de tragar y respirar.

✓ El biberón se ha de mantener inclinado en unos 90° con respecto a la boca para evitar que la tetina se llene de aire.

✓ Dejar la tapa del biberón un poco suelta para que pueda entrar cierta cantidad de aire. La formación de burbujas indica que el bebé está tomando sin problemas.

✓ Retirar el biberón de tanto en tanto para evitar que la tetina se aplaste e impida el paso de la leche.

EL BIBERÓN Y LAS NORMAS DE HIGIENE

Para evitar la aparición de gérmenes causantes de trastornos intestinales hay que vigilar cada uno de los pasos de la preparación del biberón.

✓ Justo antes de usar el biberón hay que lavarlo muy bien junto con la tetina y la tapa. Lo más indicado es sumergirlo en agua caliente con detergente. Posteriormente se lava el interior del frasco y de la tetina frotando con un cepillo.

✓ Aplicar este mismo procedimiento al lavar el resto de los utensilios que van a utilizar: abrelatas, frasco medidor y tenazas, etc.

ESTERILIZAR

Se recomienda esterilizar una vez al día el biberón con todos sus accesorios, bien sea: hirviéndolos en agua caliente, dejándolos en un esterilizador de vapor o valiéndose de productos farmacéuticos para usar en frío.

NECESIDAD DE DESCANSO

El recién nacido duerme entre 18 y 20 horas al día. Necesita tanto reposo porque su organismo utiliza toda la energía en adaptarse al nuevo medio. Durante el sueño su cuerpo digiere los alimentos y realiza diversas operaciones a nivel celular. Las células nerviosas, por ejemplo, están procesando continuamente la enorme cantidad de información que el bebé recibe durante los momentos de vigilia.

De alguna manera puede afirmarse que el sueño es otra forma de alimento ya que el bebé crece mientras duerme.

Los recién nacidos suelen despertarse varias veces durante la noche. A medida que crecen van regularizando los periodos de sueño nocturno y pueden dormir durante más horas seguidas.

La necesidad de reposo varía cuando pasan las dos primeras semanas. Al final del primer mes el niño se mantendrá despierto durante unas 6 o 7 horas a lo largo del día.

Como el bebé pasa muchas horas en su habitación, es fundamental que goce de un ambiente propicio para el descanso. Parte de su confort depende de la iluminación del cuarto y de la comodidad de la cuna.

Los niños necesitan dormir en un sitio apacible. Esto no quiere decir que la casa deba permanecer en silencio; solo que, en la medida de lo posible, se han de evitar los ruidos estridentes. Es sano que el niño se acostumbre a conciliar el sueño escuchando los sonidos habituales del hogar.

LA POSICIÓN IDEAL PARA DORMIR

Los especialistas no terminan de ponerse de acuerdo sobre la posición ideal para acostar al niño. Algunos sostienen que no se le debe dejar dormir boca arriba porque si vomita puede ahogarse. Así que recomiendan ponerlo boca abajo vigilando que mantenga la cabeza de lado. Otros afirman que la mejor posición es acostarlo apoyado sobre el costado derecho ya que de este modo se favorece la digestión.

Sea cual sea la posición que se elija, recuerde que no es aconsejable el uso de almohadas. El bebé debe dormir en una superficie plana y cómoda pero no necesita apoyar la cabeza para dormir.

ALGUNAS CONSIDERACIONES SOBRE EL SÍNDROME DE MUERTE SÚBITA DEL LACTANTE (SMSL)

Este es quizá uno de los temas que más preocupación causa entre los padres. La verdad es que no deja de alarmar que algunos bebés puedan morir durante el sueño sin que haya una causa aparente. Aunque se ha avanzado mucho en el terreno de la prevención aún se desconocen las causas del SMSL. Solo se sabe que el riesgo es más alto durante los

6 primeros meses de vida y cuando el bebé duerme en posición prona, es decir, boca abajo. Aproximadamente mueren 1 o 2 bebés de cada mil lactantes entre el primer y el cuarto mes de vida.

La comunidad científica ha determinado, de momento, unas mínimas pautas para reducir el riesgo de muerte súbita:

✓ Se recomienda que, salvo expresa indicación del pediatra, el niño duerma boca arriba. La excepción está relacionada con el diagnóstico de enfermedades como el reflujo gastroesofágico, caso en que se recomienda dejar que el niño duerma boca abajo o de costado.

✓ Se ha de evitar el consumo de tabaco durante la gestación y, por lo menos, hasta los primeros 6 meses de vida. El aire que el niño respira no debe estar viciado con las sustancias tóxicas que despide el tabaco.

✓ No tapar la cabeza del bebé con mantas o sábanas. Para evitar que se deslice en la cuna y quede cubierto con la ropa de cama, hay que acostarlo dejando los pies en contacto con el borde de la cuna.

✓ No es necesario cubrir al niño en exceso. Basta con arroparlo hasta las axilas dejando los brazos fuera de la sábana.

NECESIDADES FISIOLÓGICAS

El recién nacido presenta un volumen habitual de orina de más o menos 2 a 3 cc por kilo y hora.

Las primeras deposiciones del niño tienen lugar, por lo general, en las 12 horas posteriores al nacimiento pero es habitual que tarde hasta 24 horas. En ellas elimina el meconio, una sustancia pegajosa de color oscuro que lleva en los intestinos desde antes de nacer.

El bebé ensuciará el pañal de 4 a 8 veces al día si se le alimenta con leche materna y de 1 a 3 veces si se alimenta con biberón. Lo usual es cambiarlo inmediatamente después de una toma.

Pasados los primeros días las heces van cambiando de aspecto y de color. Al principio son semilíquidas y verdosas. Posteriormente se vuelven bastante líquidas y de color blanco o amarillo según se alimente con leche materna o preparada.

No hay que alarmarse porque el bebé tenga diarrea, a menos que haya un círculo acuoso alrededor de la deposición.

CUIDADOS ESPECIALES

EL OMBLIGO

Hasta que el ombligo no se haya curado por completo no conviene que entre en contacto con el agua. Se aconseja bañar al bebé con una esponja humedecida procurando que el ombligo esté siempre seco y desinfectado.

Dos o tres veces al día hay que limpiar el ombligo con alcohol y, después, para que se seque y se desprenda con mayor rapidez, aplicar mercurio cromo.

BAÑO

La frecuencia del baño depende exclusivamente de las costumbres familiares, sin embargo, conviene tener en cuenta aspectos externos como los cambios estacionales. En invierno, por ejemplo, se debería bañar al bebé dejando un día de intermedio, es decir, tres veces por semana. En esta época del año la piel del bebé está demasiado sensible a la sequedad del ambiente generada por la calefacción.

La mayoría de padres bañan a los niños a diario pues el agua los relaja y les ayuda a descansar. Si aparecen escoceduras en la piel hay que disminuir el número de baños semanales.

Si se siguen unas mínimas pautas, la hora del baño se convertirá en un momento de placer compartido.

Cuándo
✓ Se aconseja bañar al bebé justo antes de alimentarlo o de llevarlo a la cama.

Dónde
✓ En un lugar cómodo, libre de corrientes de aire y con una temperatura apropiada. El cuarto de baño no siempre es el lugar indicado. A veces es mejor poner la bañera portátil sobre una mesa estable de su habitación o de otra estancia de la casa.

Cómo
Antes de empezar recuerde que:
✓ Debe tener al alcance de la mano una caja de plástico con todo lo que pueda necesitar: jabón, champú, lociones, toalla, etc.
✓ Tiene que probar el agua para saber que está a la temperatura adecuada. Puede realizar esta prueba sumergiendo el codo en el agua, la piel de la parte interna del codo es tan sensible como la del bebé.
✓ Empiece a bañar al bebé por la cara cuidando que no le caiga jabón en los ojos. Frote con la punta de los dedos, no con las uñas. Cuando lave la cabeza trate de aplicar el champú de adelante hacia atrás para evitar que le caiga en los ojos.
✓ Las orejas se limpian solo en la parte externa con ayuda de un paño limpio. No es necesario el uso de bastoncillos de algodón para limpiar el oído interno ni la nariz.
✓ Al lavar el cuerpo hay que aclarar muy bien los plie-

gues de brazos y piernas para que no queden restos de jabón.

✓ Es importante que al terminar el baño se sequen muy bien todos los pliegues de la piel. No se debe frotar, basta con dar golpecitos suaves con la toalla.

Con qué

✓ El jabón ha de ser suave y, en la medida de lo posible, libre de perfume. Se recomienda el uso de productos hipoalergénicos para evitar irritaciones en la piel.

✓ El champú se ha de usar apenas tres veces por semana; el resto de los días, si se acostumbra el baño diario, debe aclararlo solo con agua.

Para terminar tenga presente que no se le debe poner ni demasiado aceite ni demasiados talcos. Los primeros pueden atascar los poros dificultando la respiración de la piel mientras que los segundos pueden causarle problemas respiratorios. Si tiene escoceduras lo mejor es tratarlas con una crema o una loción.

✓ La hora del baño no es apropiada para cortarle las uñas, es mejor hacerlo cuando está dormido (se han de cortar rectas y con unas tijeras sin punta).

✓ *Nunca* se debe dejar a un niño solo en la bañera.

LOS CAMBIOS DE PAÑAL

Cambiar un pañal es una de esas tareas que al principio parece complicada. Sin embargo, son tantas las veces que hay que hacerlo a lo largo del día que la práctica se adquirirá rápidamente.

A continuación exponemos una serie de consejos básicos:

✓ El pañal se ha de cambiar siempre que esté demasiado húmedo y cada vez que el bebé hace caca. La humedad puede producir molestas irritaciones.

✓ Si el niño se ha ensuciado demasiado es preciso bañarlo con agua y jabón neutro cuidando de secarlo muy bien entre los pliegues y dejándolo descubierto durante un rato de modo que el aire ayude a eliminar los restos de humedad.

✓ No es necesario usar toallitas humedecidas en cada cambio de pañal. Algunas de ellas contienen perfume, alcohol: sustancias que si se usan en demasía terminan por causar irritación. Use las toallitas humedecidas cuando esté fuera de casa; pero normalmente puede usar algodón o papel higiénico suave.

¿CÓMO PONER EL PAÑAL?

Se pone al niño sobre un protector de plástico y en una superficie plana y firme, la cama o una mesa. Se sujeta por los tobillos con delicadeza y se levanta un poco el cuerpo. A continuación se desliza la parte posterior del pañal hasta la cintura, se pasa el resto del pañal por entre las piernas, se desprende el adhesivo y se fija sin hacer fuerza.

EL EQUIPO NECESARIO PARA RECIBIR UN BEBÉ EN CASA

✓ *La cesta o el moisés.* Aunque solo duren unas pocas semanas resulta muy práctico poder cargar al bebé a donde usted vaya sin que se despierte.

✓ *La cuna.* Resultan muy cómodas aquellas cunas que permiten regular la altura del colchón y de la baranda ya que permiten sacar al bebé sin tener que hacer movimientos demasiado forzados.

✓ *La bolsa con tirantes.* Es muy práctica cuando se sale de casa, y el bebé se siente muy cómodo porque está en constante contacto con la madre. Como se trata de un recién nacido es importante que tenga un soporte para la cabeza.

✓ *El coche de paseo.* Como el recién nacido tiene que permanecer acostado, resultan muy cómodos los cochecitos con cuco. Algunos son desmontables y permiten plegar la base y usar el cuco por separado.

✓ *La bañera.* Durante los primeros meses se recomienda usar una bañera de plástico rígido con un soporte plegable que le permita regular la altura. Estará más cómoda si mantiene la espalda recta. Muchas bañeras tienen formas que se adaptan al cuerpo del bebé y tienen una base antideslizante.

✓ *Bolsa para cambiar al bebé.* Le permite llevar cómodamente elementos como una alfombrilla de plástico para cambiarlo, los pañales, algodón o papel higiénico, loción, cremas.

✓ *Asiento para el coche.* El niño debe permanecer casi acostado cuando va en el coche y sujeto por dos correas que se pasan por encima de los hombros y se ajustan a un tercer cinturón que se pasa por entre las piernas. El asiento va sujeto al cinturón de seguridad del coche. Por lo general, el primer asiento que usa el bebé es adaptable y le llega a servir hasta que pese 10 kg.

Otros accesorios indispensables son:

✓ Pañales, toallas, mantas, sábanas, ropa adecuada para la temporada y las necesidades del bebé; y accesorios para alimentarlo en caso de optar por la lactancia artificial: tetillas, esterilizador, biberones, etc.

✓ Equipo para bañarlo: toallas suaves, delantal, bañera, jabones líquidos, champú, algodones y un cuenco pequeño.

✓ Cada día está más aceptado el uso de alarmas y monitores que mantienen al tanto de los sonidos que emite el bebé cuando los padres no están en la misma habitación.

INCIDENTES Y PREOCUPACIONES MÁS FRECUENTES

Son muy pocos los bebés que nacen sin una sola marca del parto o sin señales de su proceso adaptativo. El nacimiento es un momento intenso y difícil que puede dejar huellas en el cuerpo aunque estas tienden a desaparecer con rapidez.

El recién nacido cambia con los días, evoluciona, se transforma; su cuerpo se va normalizando gradualmente hasta que llega a adquirir el aspecto saludable y rozagante que caracteriza a los bebés.

A continuación se tratan las preocupaciones más frecuentes de los padres con respecto a la salud y aspecto del bebé.

CAMBIOS Y ALTERACIONES EN LA PIEL (MANCHAS, CAMBIOS EN LA TONALIDAD, SARPULLIDOS, AMPOLLAS...)

La piel del recién nacido suele estar recubierta de una capa blanquecina llamada vernix caseoso. Es una capa de grasa que le recubre y que le ayuda a deslizarse durante el parto. Desaparece a los pocos días de haber nacido.

✓ La carita puede estar enrojecida, arrugada o con manchas de color rojizo. Este tipo de alteraciones en el color de la piel puede ser consecuencia de un parto especialmente difícil en el que se haya necesitado de instrumentos como los fórceps.

✓ Es muy común que en la parte baja de la espalda o en las nalgas se presenten unas manchas de tamaño medio, conocidas como manchas azules o mongólicas. No representan una alteración grave ni son síntoma de enfermedad. Son un tipo de pigmentación relacionada con la herencia genética y que no guarda relación alguna con el mongolismo o síndrome de Down, aunque en principio el nombre permita tal asociación.

✓ Algunos niños presentan también las llamadas «marcas de cigüeña» o angiomas. Son manchas de color rosa en la nuca, la nariz o sobre los párpados. Estas marcas suelen tardar en desaparecer cerca de un año sin dejar huella.

✓ Durante los primeros días es muy corriente que los pies y las manos presenten un color azulado indicativo de la falta de oxígeno en la sangre. El sistema circulatorio del bebé aún está inmaduro y el riego sanguíneo de manos y pies es todavía muy lento.

✓ Si el aspecto de su piel es amarillento puede tratarse de ictericia fisiológica. El organismo elimina una enorme cantidad de glóbulos rojos que ya no necesita al tiempo que libera una mayor cantidad de bilirrubina (de color amarillo) en el torrente sanguíneo. Es una dolencia común que se presenta, por lo general, entre el segundo o tercer día de vida. Si se presenta apenas nacido o si dura más de ocho días puede ser indicativa de problemas en el hígado o en la sangre.

✓ En ocasiones el bebé desarrolla una especie de alergia que se manifiesta en la aparición de granitos o ampollas. No se saben exactamente las causas pero al cabo de dos o tres semanas desaparecen sin dejar huella.

✓ Algunos bebés tienen unos puntitos blancos, similares al acné, en la nariz o las mejillas que reciben el nombre de «milium». No hay que preocuparse: son simplemente poros tapados con grasa. En la mayoría de los casos son efecto de las hormonas que ha recibido durante el embarazo.

ALTERACIONES RELACIONADAS CON LA ALIMENTACIÓN: (REGURGITACIONES, VÓMITO, CÓLICO, ESTREÑIMIENTO)

✓ Es perfectamente normal que el niño, después de comer,

regurgite un poco de la leche que acaba de tomar, sobre todo, en el momento de sacarle los gases. No hay nada que temer siempre que el niño aumente de peso de una forma gradual. Se trata solo de un mecanismo que le permite deshacerse de un exceso de comida o de aire. Es alarmante si en una misma toma regurgita demasiadas veces o, si en lugar de la expulsión involuntaria de leche da arcadas muy violentas, es decir, si vomita. Si el vómito es abundante o se repite durante muchos días puede ser indicio de enfermedad. El riesgo de deshidratación es muy alto en estos casos, por esta razón conviene dirigirse al pediatra con urgencia.

✓ A partir de la segunda semana del nacimiento la mayoría de los niños sufre de cólico debido a la falta de maduración de su aparato digestivo. Para saber los síntomas y recomendaciones, véase el apartado de las enfermedades más comunes.

✓ El estreñimiento es una molestia común en los niños alimentados con biberón. Se sabe que la leche materna reduce el riesgo de padecerlo. Esta enfermedad se caracteriza por una drástica disminución del número de deposiciones, por el esfuerzo y el dolor que experimenta el niño al tratar de evacuar, y porque las heces que logra expulsar son demasiado duras. Si el niño sufre de estreñimiento conviene consultar al pediatra. Él indicará ajustes en la dieta, tratamientos, y verificará que no existan problemas anatómicos. Un simple retraso en las deposiciones no es estreñimiento. La frecuencia con que los niños evacuan sus intestinos es muy variable. Un niño alimentado con leche artificial puede tardar hasta tres días en defecar sin que por eso pueda decirse que esté estreñido.

ALTERACIONES RELACIONADAS CON LA RESPIRACIÓN DEL BEBÉ (ESTORNUDOS, RONQUIDOS, HIPO, AHOGO)

✓ Los bebés estornudan con frecuencia porque su nariz es muy sensible a los cambios de temperatura y a las corrientes de aire. Los estornudos son indicativos de resfriado cuando vienen acompañados de fiebre o mucosidad en la nariz. Por lo demás, son una manera eficaz de limpiar las vías respiratorias de sustancias como el polvo o el polen.

✓ También suelen causar inquietud los ronquidos o los ruidos excesivos a la hora de dormir. La mayoría de bebés ronca porque están en una postura incómoda. Habitualmente este tipo de ruidos desaparecen al cambiarlo de posición en la cuna. Si los ruidos persisten puede deberse a que alguna mucosidad le dificulta el paso del aire. Para desatascarle la nariz se recomienda poner unas gotitas de suero fisiológico.

✓ Los bebés tienen hipo con bastante frecuencia. Es absolutamente normal. No les causa ningún daño. De hecho, ya tenían hipo en el vientre materno. El hipo desaparece por sí solo, salvo casos excepcionales.

✓ Los problemas respiratorios de cuidado están relacionados con la dificultad para llenar los pulmones de aire; con la sensación de ahogamiento acompañada de ruidos o quejidos audibles, resistencia a comer, cambios en el tono de la piel o en el color de los labios (aspecto azulado); y con la agitación repentina del ritmo respiratorio. En cualquiera de estos casos se ha de llevar al niño al médico con rapidez.

OTROS: LA FONTANELA

La fontanela es la zona blanda que se encuentra en la parte superior de la cabeza del niño. Es, en realidad, un cartílago que se va solidificando con el paso del tiempo. Cuando el bebé nace, es preciso que su cráneo se adapte al canal del parto, puede hacerlo gracias a que los huesos del cráneo aún no se han soldado.

Muchos padres creen que la fontanela del bebé es especialmente sensible. Se intranquilizan porque les parece demasiado grande, porque sube y baja cuando el bebé toma el pecho o porque tarda mucho tiempo en desaparecer. Ninguno de estos hechos debe causarles alarma. El cerramiento de la fontanela, independiente de su tamaño, es un proceso natural. Es normal que se mueva cuando el bebé está comiendo. Tampoco se requieren cuidados excesivos a la hora de bañarle la cabeza.

De todas maneras la fontanela es indicativa de problemas de salud si está muy abultada o si está demasiado hundida. En el primer caso puede tratarse de una meningitis y en el segundo de deshidratación. Si se presentan estas alteraciones es preciso acudir al pediatra lo antes posible.

LA FIEBRE COMO SÍNTOMA DE INFECCIÓN

La fiebre es el elemento que permite identificar la aparición de una infección. No es una enfermedad en sí misma, solo es un síntoma que indica que el cuerpo está luchando contra el elemento que lo agrede.

Se presenta fiebre cuando la temperatura corporal excede los 37, 2° C. Valga aclarar que en algunas ocasiones la temperatura sube debido a procesos naturales de carácter transitorio.

Si la fiebre viene acompañada de inapetencia, irritación, diarrea u otros síntomas, hay que consultar al pediatra inmediatamente.

TEMA DESTACADO

VENTAJAS DE LA LACTANCIA

Cada vez son más las mujeres que optan por amamantar a sus bebés. Las ventajas que obtienen, tanto el niño como la madre, confirman la elección.

¿POR QUÉ LA LECHE MATERNA ES BUENA PARA EL BEBÉ?

✓ La leche materna posee los nutrientes necesarios para su completa alimentación. Es rica en vitamina A y E. Contiene hierro, calcio, fósforo, azúcares y lactosa.

✓ El consumo de leche materna disminuye el riesgo de contraer enfermedades infecciosas. La leche materna contiene anticuerpos suficientes para inmunizar al bebé contra algunas enfermedades. La primera leche, el calostro, es la principal fuente de agentes inmunizadores.

✓ Con la leche materna se evita el riesgo de contaminación por agentes patógenos, la leche va directamente del pezón a la boca del bebé.

✓ Los bebes alimentados naturalmente tienen menos probabilidad de desarrollar alergias y alteraciones en la piel. También están mejor protegidos de enfermedades como la otitis y la meningitis.

✓ Estudios recientes demuestran que los niños alimentados con leche materna están mejor protegidos contra enfermedades del sistema respiratorio como el asma o la neumonía.

¿POR QUÉ ES BUENO AMAMANTAR AL BEBÉ?

La madre que da el pecho a su hijo también disfruta de grandes beneficios.

✓ Se ha demostrado que las mujeres que amamantan a sus

hijos recuperan la figura con mayor celeridad. Los órganos que intervienen en el parto vuelven a su estado inicial con mayor rapidez. Cuando el bebé mama estimula el cuerpo de su madre para que produzca una mayor cantidad de oxitocina. Esta hormona además de estimular la subida de la leche, le ayuda a expulsar la placenta y a que el útero recupere su forma original.

✓ Pueden bajar de peso con mayor facilidad porque el bebé consume un alto número de calorías.

✓ Las madres que lactan tienen menor probabilidad de sufrir enfermedades como anemia, cáncer en el cuello del útero y de ovario. Estudios médicos recientes analizan la posible injerencia de la lactancia en la disminución del riesgo a desarrollar cáncer de mama.

✓ Amamantar un bebé es muy positivo desde el punto de vista emocional. Mientras dura la toma, el niño disfruta de la sensación de calor, seguridad, amor y bienestar que le brinda su madre. Ella, por su parte, disfruta al saberse tan importante y poder satisfacer plenamente las necesidades de su hijo.

EL CALOSTRO

El calostro es la primera leche que produce la madre. Es una sustancia de color amarillento y aspecto viscoso rica en sustancias que garantizan la inmunización del bebé. El sistema inmunitario del bebé todavía no puede producir anticuerpos, así que cuando el niño toma el calostro se apropia de los que produce su madre.

El calostro está compuesto de albúmina, grasas, sales y vitamina E; ingredientes que lo protegen de enfermedades infecciosas. Se ha demostrado, además, que el calostro actúa como un laxante suave que le ayuda al bebé a expulsar el meconio sin dificultad.

CONSEJOS PRÁCTICOS A LA HORA DE AMAMANTAR

✓ El lema para amamantar es básicamente «mantener la calma». La madre debe estar lo más relajada posible a la hora de dar de comer al niño. Ha de sentirse segura y confiar en que todo va a salir bien. Si en las primeras tomas logra controlar la ansiedad cada vez le será más fácil dar el pecho. Recuerde que uno de los peores enemigos de la lactancia natural es la angustia; si la madre está muy nerviosa la leche deja de subir.

✓ Como pasados los primeros días las tomas pueden llegar a durar entre 10 a 20 minutos hay buscar una posición muy cómoda valiéndose de cojines o almohadas para sostener al bebé.

✓ Asegurarse de que el niño cubra con la boca la zona más oscura del pezón.

✓ Para retirar el pezón lo mejor es abrir un poco la boca del bebé con ayuda del dedo meñique; de este modo se interrumpe la succión y se puede retirar el pezón sin hacerle daño.

✓ Para equilibrar la cantidad de leche y evitar inflamaciones en los canales de la mama hay que poner al bebé primero en un pezón y luego en el otro.

CUIDADOS ESPECIALES

✓ Si los pezones se agrietan hay que evitar el uso de jabón, secarlos sin frotar y cambiar frecuentemente las compresas que absorben el goteo.

✓ Un remedio natural muy efectivo para curar las grietas y aliviar el dolor es aplicarse pétalos de caléndula hervidos.

✓ Si el médico recomienda aplicarse algún medicamento es preciso limpiarse muy bien el pezón antes de poner al bebé.

RECORDATORIO

La cantidad de leche que puede producir una madre no depende ni de la forma ni del tamaño de su pecho. La naturaleza ha dotado a la mujer de modo que pueda criar a sus hijos de la manera adecuada. Tanto es así que, si nacen gemelos, el cuerpo producirá la suficiente leche para alimentar a los dos bebés. La madre producirá tanta leche como su hijo necesite.

EL BEBÉ DE DOS MESES

Se desarrolla con una rapidez asombrosa. Su organismo ha madurado mucho con respecto a las primeras semanas de vida. Va normalizando algunos aspectos de su rutina diaria, como comer o dormir, y ha aumentado su capacidad de comunicación. La relación con sus padres es más fluida y armónica.

DESARROLLO MOTRIZ

✓ Algunos reflejos primarios tienden a desaparecer. Es tan importante que se presenten a tiempo como que desaparezcan en el momento indicado. En el segundo mes, por ejemplo, es casi imperceptible el reflejo del Moro.

✓ El reflejo de agarre va cediendo. Los músculos de la mano se van relajando hasta que el bebé, poco a poco, logra mantener los puños abiertos. Este es un cambio fundamental que le permitirá, más adelante, coger un objeto de forma voluntaria y sostenerlo durante unos segundos (aproximadamente en el quinto mes).

✓ Los brazos y las piernas no están siempre flexionados sobre el cuerpo. Mueve las extremidades de una forma más simétrica. Algunos bebés pueden llegar a juntar las manos.

✓ El control sobre el peso de la cabeza va en aumento. En algunas posturas especiales esa tarea puede resultarle más o menos difícil. Si se le acuesta boca abajo podrá sostener la cabeza en vilo durante algunos segundos. Si lo sienta (sostenido por almohadas) intentará mantener la cabeza recta pero lo más normal es que caiga hacia delante, los músculos del cuello no están lo suficientemente fuertes para resistir el peso. Si se le sostiene de forma vertical mantiene recta la cabeza durante unos dos o tres segundos.

✓ Si se le toma de los bracitos para intentar levantarlo puede mantener la cabeza en el mismo plano que el cuerpo. Este es un movimiento básico e indispensable que anuncia la capacidad de sentarse.

✓ Cuando está en la cuna, en posición boca arriba, puede mover la cabeza a derecha o izquierda hasta que se sienta cómodo.

✓ En esta misma posición patalea enérgicamente, alternando una pierna y otra y de manera mucho más rítmica que el mes anterior.

CARACTERÍSTICAS FÍSICAS

PESO

Empezando el segundo mes el bebé pesa entre 3800 a 4500 gramos. Puede pesar más o menos, dependiendo de su ritmo de desarrollo y del peso de nacimiento. Como media tenemos que a la primera semana del segundo mes los niños pesan cerca de 4200 gramos y las niñas unos 4000. A lo largo del segundo mes aumenta una media de 200 gramos por semana. Según las estadísticas la mayoría de bebés aumentan, en este mes, 750 gramos con respecto al peso del nacimiento.

Resulta curioso que los bebés que nacen con un peso mayor de lo normal aumentan a un ritmo más lento que los bebés que nacen con un peso bajo. Hay una especie de equilibrio natural que tiende a homogeneizar las pautas del desarrollo.

No hay que obsesionarse con el tema del peso del niño, es solo un valor que permite establecer sus pautas de crecimiento. Mientras el bebé esté sano y se alimente, se desarrollará de la manera adecuada.

TALLA

Durante los primeros meses el niño crece con rapidez. En este periodo su talla oscila entre los 50 y 57 cm. Ha crecido unos 4 cm desde el nacimiento. A lo largo del segundo mes, crecerá aproximadamente 3 cm más.

VALORES DEL PERÍMETRO CRANEAL

La medida promedio del perímetro craneal es de 34 a 42 cm.

Es importante recordar que el cráneo crece a medida que crece el cerebro. Durante el primer año este proceso es relativamente rápido, al final del mismo el perímetro craneal del niño es de aproximadamente 45 cm. Decimos que es rápido si se tiene en cuenta que el de un adulto es de 57 cm. Lo que quiere decir que en solo un año el perímetro aumenta entre 11 y 13 cm.

ASPECTOS FUNCIONALES

TACTO

El niño obtiene información del mundo que le rodea a través del tacto y del gusto. Desarrolla simultáneamente esos dos sentidos cuando chupa los objetos que tiene a mano. Para evitar problemas de salud hay que vigilar que todo lo que se lleve a la boca esté limpio y que no desprenda partículas que le puedan atascar las vías respiratorias, como, por ejemplo, las motas de lana o de ciertos tejidos sintéticos.

La piel del bebé continúa siendo el órgano que le permite experimentar mayor número de sensaciones físicas y emocionales. El niño recibe con agrado las caricias de sus padres porque a través del contacto le comunican que lo quieren y que con ellos está protegido y seguro.

El tacto del niño es especialmente sensible a los tejidos suaves propios de su ropa y accesorios: algodón, seda o peluche, por ejemplo.

VISTA

El bebé de dos meses ya puede ver bien lo que está cerca y puede distinguir lo que se encuentra más lejos. Ha aumentado su capacidad de enfocar pero solo puede ocuparse de una cosa a la vez. Si está concentrado mirando un juguete y suena un ruido fuerte dejará de hacerlo para buscar la fuente del sonido.

Le gusta mucho más mirar las personas que los objetos.

Puede tener fija la vista en los ojos de su madre durante mayor tiempo. Esta es una forma de comunicación indispensable para los dos.

Todavía no diferencia todos los colores. Solo puede reconocer el rojo, el verde, el blanco, el negro y el gris.

Dirige la cabeza hacia las fuentes de luz y las observa con detenimiento. Es muy sensible a la luz. Si le parece agradable la contempla extasiado. Si es demasiado fuerte se protege con las manos.

OÍDO

Es muy sensible a los cambios tonales, a los ruidos fuertes y a la voz de los padres. Le agrada que le hablen en un tono suave y pausado. Empieza a sentir interés por la música aunque todavía no pueda concentrarse en ella.

Gira la cabeza de un lado a otro buscando la fuente del sonido pero todavía no acierta a encontrar el lugar exacto.

OLFATO

El bebé sigue siendo muy sensible a los olores que están en el ambiente. Reconoce a sus padres, su casa; y está asimilando información gracias a los olores que hay en el ambiente. Los olores de la comida, ciertos perfumes naturales, etc.

GUSTO

Como decíamos anteriormente, el bebé chupa todo lo que tiene al alcance de la mano porque todavía el reflejo de succión es muy fuerte y, además, porque esa es una forma efectiva de conocer el mundo. Utiliza la boca no solo para reconocer los sabores sino más bien para examinar sus formas, cualidades y texturas.

A medida que crece, esta forma de reconocimiento tiende a desplazarse hacia la vista. Pero, de momento, él necesita llevarse a la boca los objetos porque así recaba la información básica sobre su entorno. De alguna manera se puede afirmar que cuantas más cosas pruebe mejor, pues esa es una buena forma de aumentar su capacidad de percepción.

CAPACIDADES LINGÜÍSTICAS

Al bebé de dos meses le gusta oír su propia voz y experimentar con ella: da grititos, gorjea y balbucea. Estos ejercicios son indispensables para que, más tarde, pueda desarrollar el lenguaje. Con la emisión de estos sonidos el niño «practica» las diferentes combinaciones que puede producir. Es como si estuviera afinando el instrumento que le permitirá hablar. Esta etapa se conoce como el periodo prelingüístico. Hasta los 4 o 5 meses, aproximadamente, el bebé solo produce sonidos vocálicos.

ASPECTOS SOCIALES

Cada día que pasa el bebé puede manifestar mejor sus emociones. Aunque ya desde el primer mes sonreía de satisfacción ahora ha aumentado su capacidad de imitación. Si los padres sonríen con frecuencia él descubrirá muy pronto la sonrisa de intercambio.

La comunicación con el niño se va haciendo cada día más compleja. A lo largo de este mes el niño emite ciertos sonidos que conviene imitar y estimular. Hay que hablar con él constantemente, llamándolo por su nombre, utilizando palabras sencillas y modulando la voz de modo que perciba variaciones en el tono y en la intención. Esas son formas sencillas de incentivar su capacidad de comunicación.

En el avance de las relaciones con los demás juega un papel determinante la mirada. El hecho de mirar al niño a los ojos es fundamental. De este modo él puede reconocer el intercambio que se establece entre dos personas al tiempo que ejercita su capacidad para inferir relaciones de causa y efecto. Cuando sonríe a su madre, por ejemplo, ella se siente contenta y le habla cariñosamente. Él va reconociendo que sus acciones causan respuestas en ella. Gracias a la imagen que recibe de ese espejo podrá establecer mecanismos efectivos de comunicación; él repite una serie de actos tantas veces como sea preciso hasta que, al final, logra apropiárselos y reproducirlos de forma natural.

LLANTOS

En esta etapa el llanto continúa siendo un medio de expresión muy importante. Los estudios médicos aseguran que durante los tres primeros meses de vida la mayor parte de las necesidades del bebé se manifiestan a través del llanto.

Recuerde que no todos los llantos son iguales y que identificar las particularidades de cada uno es una forma de garantizar la satisfacción del pequeño. Por lo general, si el niño solo tiene hambre llora de forma rítmica y espaciada. Si tiene sueño lloriquea mediante susurros y gorjeos monótonos. Si le duele algo llorará de forma ruidosa y estridente.

NECESIDADES AFECTIVAS

AVANCES EN LA RELACIÓN CON LOS PADRES

Como decíamos en el apartado anterior la comunicación entre padres e hijos tiene ahora muchos más matices que en el primer mes. Ahora es capaz de manifestar su contento en actividades como tomar el baño o alimentarse. Puede también manifestar su desagrado y molestia con mayor claridad.

La compañía de sus padres le causa mucho placer y tranquilidad. Observa con atención la cara de sus padres mientras que recibe con señas de extrañeza el rostro de los desconocidos. Le gusta estar en contacto con la piel de sus padres. Acurrucarse junto a ellos, oírlos, verlos. Cada vez reconoce mejor las emociones que se trasmiten con el tono de la voz y los gestos propios de la dulzura, de la angustia, etc.

Con los nuevos avances en la adquisición del habla se van estableciendo otros tipos de contacto. En un principio los ruiditos que el niño produce no tienen una intención clara y definida pero él rápidamente se da cuenta de que existe un intercambio comunicativo. Cuando eso sucede se valdrá de ruidos y de los gorjeos para llamar la atención de sus padres o para establecer un puente con los objetos que le rodean: un muñeco, una fotografía, etc. Este es un paso significativo en la relación con el medio. El bebé descubre que puede intervenir en el exterior con sus llamadas de atención y los padres descubren que su hijo les puede comunicar un mayor número de necesidades y sensaciones aunque todavía no hable, en estricto sentido. La etapa de solo llanto se va superando rápidamente.

NECESIDADES ALIMENTICIAS

Durante el segundo mes aumenta la necesidad de alimento. De los 100-110 ml que tomaba en el mes anterior pasará a tomar 120 -130 ml. Hará más o menos 6 tomas al día. Con la leche maternizada es fácil saber la cantidad de leche que toma pero no es así cuando está siendo alimentado con pecho. Si hay dudas sobre este tema lo más indicado es observarlo con atención y calcular el tiempo que tarda en cada toma. Por lo general se demora cerca de 10 minutos en cada pecho, luego de lo cual se duerme o simplemente se queda relajado y tranquilo. Si esto no sucede, y después de comer vuelve a llorar, puede deberse a que todavía no está satisfecho o a que tiene un cólico. Para descartar la posibilidad de que tenga hambre basta ponerlo al pecho un poco más. Si rechaza el alimento y sigue llorando entonces hay que ponerlo en una posición cómoda, ayudarle a sacar los gases y hacerle un masaje que le ayude a reducir el dolor del cólico.

Recuerde que pasada la primera semana el bebé ya puede salir a pasear. Gracias a los rayos del sol puede asimilar mejor la vitamina D, sustancia fundamental para fijar el calcio en los huesos.

Si no se puede exponer al bebé al sol periódicamente, bien por problemas de pigmentación de su piel o por factores ambientales, entonces el pediatra le recomendará un suplemento vitamínico.

NECESIDAD DE DESCANSO

Al segundo mes el bebé ya no necesita dormir tanto, duerme en total de 16 a 18 horas diarias. Está despierto, en total, cerca de 8 horas al día, 2 más que en el mes anterior.

Los periodos de sueño nocturno suelen ser de 8 a 12 horas y se despierta 3 o 4 veces en la noche para comer. De día suele dormir periodos de 1 a 3 horas. Como no todos los niños son iguales esta medida está sujeta a grandes cambios. Hay niños muy activos que duermen por periodos de solo 30 minutos a una hora, y de noche pueden dormir apenas 3 horas seguidas.

De forma natural el bebé adopta la posición de esgrima para dormir: estira uno de los brazos y se echa sobre ese mismo costado mientras que mantiene el otro brazo flexionado sobre el pecho. Es la posición típica del segundo mes e indica que el tono muscular se está relajando.

NECESIDADES FISIOLÓGICAS

Continúa mojando el pañal después de cada toma, 6 veces al día aproximadamente.

La cantidad de heces ha aumentado debido a que el niño ahora consume más cantidad de comida. En promedio el bebé evacua los intestinos entre 2 y 5 veces al día. Salvo escasas excepciones, realiza las deposiciones justo después de comer.

CUIDADOS ESPECIALES

VERIFICAR SUS CAPACIDADES AUDITIVAS Y VISUALES

Son muchos los padres que consultan al pediatra sobre las capacidades auditivas y visuales de sus hijos. Les preocupa saber si oyen o ven correctamente y les gustaría saber qué mecanismos les permiten identificar y prevenir enfermedades

Muchos problemas con la vista y el oído se pueden prevenir con un mínimo control de la actividad del niño.

¿Cómo saber que oye bien?

Para saber que el niño oye bien debe ser capaz de:
- ✓ Mover la cabeza cuando escucha un ruido fuerte.
- ✓ Hacer distintos tipos de gestos cuando escucha la voz de su madre.
- ✓ Emitir sonidos, grititos o gorjeos.

Si no hace ninguna de las cosas que enumeramos hay que acudir al pediatra para que lo revise. Durante el primer año es indispensable estar al tanto de las capacidades auditivas del niño ya que si en este periodo hay problemas de audición el proceso de adquisición del lenguaje se verá afectado. Un niño que no oye bien, difícilmente podrá hablar de forma correcta. Pasado el primer año, hechos como un constante aislamiento y un retraso en el habla son señales de problemas auditivos. Si se detectan esos problemas antes de los tres años se evitan retrasos irreversibles en su desarrollo.

La sordera y otras enfermedades relacionadas con la capacidad de oír correctamente se pueden prevenir y tratar exitosamente si hay un diagnóstico temprano. Recuerde que aumenta la probabilidad de tener este tipo de enfermedad cuando hay antecedentes familiares, cuando se ha sufrido una enfermedad infecciosa durante el embarazo, especialmente la rubéola, el herpes o la toxoplasmosis, o si se presentaron problemas de baja oxigenación en el momento de nacer.

Si hay problemas el pediatra le realizará las pruebas del caso, generalmente la llamada prueba de *potenciales evocados* que le permite detectar con facilidad los niveles de audición.

Recuerde que, en cualquier caso, es necesario evitar la contaminación acústica y que no se deben introducir objetos en el oído del niño, los bastoncillos de limpieza solo se deben utilizar para limpiar el oído externo.

¿Cómo saber si ve bien?

Para saber que el sentido de la vista se desarrolla correctamente hay que probar que el niño:

✓ Intente seguir el desplazamiento de un objeto en su campo de visión.

✓ Dirija su vista hacia las fuentes de luz.

✓ Mire a la madre cuando esta le habla.

En caso de que no pueda realizar alguna de las actividades anteriores hay que consultar con el pediatra.

Otros motivos de consulta urgente son:

✓ Que la pupila se vea empañada o que la córnea esté demasiado enrojecida.

✓ Que haya una película gelatinosa sobre el iris.

✓ Que varíe el tamaño, color o aspecto de uno de los ojos.

LA ESTIMULACIÓN

La estimulación es un tema muy común en nuestros días. Al parecer, los niños de hoy deben ser estimulados si se quiere que alcancen antes los hitos de su desarrollo o si queremos que sean más listos e inteligentes. En primer lugar aclararemos que la estimulación empezó como terapia para niños con problemas de salud o niños prematuros que obtuvieron resultados favorables con ella. Fueron tantos los progresos que se evidenciaron, que se decidió ponerla en práctica con los niños sanos. Sin embargo, no se puede afirmar que un niño estimulado será más precoz que otro ni que la estimulación pueda lograr lo que la naturaleza aún no ha previsto.

De lo que se trata, más bien, es que los padres aporten al niño una serie de experiencias que le sirvan para ir conociendo el mundo, para relacionar hechos y para aprender a asimilar la información que obtiene. Lo que sugerimos es ofrecerle al niño una amplia gama de experiencias iniciales en un ambiente rico y estimulante. Un niño que no recibe estímulos del mundo exterior no puede desarrollarse con normalidad. Siempre necesita interaccionar y muchos estímulos para generar respuestas.

Los detractores de la idea de la estimulación aseguran que en muchos casos se genera frustración y ansiedad entre los padres porque están demasiado preocupados por un desarrollo *in crescendo* que, de no cumplirse, les causa conflicto y tensión. Eso puede llegar a suceder cuando se establece una pauta de comparación demasiado alta, que los bebés son incapaces de alcanzar. La presión por que aprenda un sinnúmero de conocimientos lo perjudica, más que ayudarlo. No se debe perder de vista jamás que la evolución y el desarrollo son naturales y que no van a ir más rápido porque los padres se lo propongan como una tarea. Cada niño crece y evoluciona de una forma única.

Salta a la vista que una compañía atenta junto con un ambiente agradable y estimulante ofrecen más posibilidades para que el bebe crezca sano; desarrolle al máximo sus capacidades naturales de una forma íntegra y sin presión. El motor de todo este proceso es, sin duda alguna, el amor que se vive en familia. Aprovechar ciertos momentos especiales para jugar, hablar y comunicarse disfrutando juntos de la compañía del otro. Este es el punto de partida para propiciar el desarrollo del niño. De ahí en adelante basta tener en cuenta unas mínimas recomendaciones para estimular las habilidades motoras y cognitivas del pequeño.

Buscar el momento indicado

El bebé no está todas las horas del día atento y dispuesto: hay momentos en que tiene hambre o sueño, en que quiere ser atendido sin participar en demasía, pero también hay momentos del día en los que recibe positivamente cualquier actividad que le propongan sus padres. Si se conoce bien el ánimo del bebé esta tarea resulta sencilla pero, por lo general, los niños están muy receptivos después de una siesta diurna o inmediatamente después del baño. Sus momentos de vigilia tampoco son iguales: por la mañana se muestra más dispuesto a la actividad física mientras que por la noche está más atento a escuchar u observar lo que pasa a su alrededor pero de una forma más pasiva.

Los niños, como todas las personas, necesitan de momentos de soledad y silencio. Si todo el tiempo se persigue al niño para estimularlo terminará por sentirse agobiado, se le privará de libertad para conocer el mundo por sí mismo y para ir ganando independencia y autonomía. La sobreestimulación no lo hará evolucionar más rápido pero sí que puede inhibir algunos aspectos concretos de su desarrollo. Por ejemplo, al sobreestimular la parte física se estará entorpeciendo, entre otras, la capacidad de abstracción o de comunicación del niño.

Valerse de su curiosidad nata

Los bebés sienten curiosidad por todo lo que les rodea. Están atentos a lo que sucede, a lo que suena y a lo que hacen sus padres. Hay unas cosas que les interesan más que otras. De esas hay que valerse a la hora de jugar con él. Si le gusta la hora del baño pues hay que jugar allí, hablarle, cantarle, observar cómo reacciona ante estos estímulos. Poco a poco, usted irá descubriendo los intereses del niño y lo que le entretiene.

Cuando el niño toma la iniciativa basta seguir su juego, dejarlo observar o escuchar o tocar mientras se le explican cosas sencillas como de qué está hecho, para qué sirve, etc..

Respetar los límites

Cuando el niño ya no se muestre interesado por algo, no hay que insistir. Si estaba jugando muy entretenido con un móvil y de repente ya no lo está, no vale la pena tratar de recuperar su atención de forma reiterativa, porque ya no lo logrará. La capacidad de atención de un bebé es corta, lo que no quiere decir que sea insuficiente. Cualquier actividad por mínima que sea mientras sea intensa y divertida le será más útil que una actividad impuesta y que se tenga que cumplir a rajatabla aun en contra de los gustos del niño.

JUGAR CON LOS SENTIDOS

A través de los sentidos el bebé conoce el mundo. En la medida en que tenga opciones de jugar y experimentar podrá asimilar mejor la información del entorno y desarrollar sus capacidades. Ofrezca al niño toda una gama de sensaciones nuevas, sin duda, tanto él como usted disfrutarán de la experiencia.

A continuación proponemos algunas actividades para jugar con los sentidos.

Oyendo el mundo

Ofrecer al niño una amplia gama de sonidos agradables le ayudará a agudizar su capacidad auditiva. Se puede empezar por hacerle oír de cerca sonidos habituales: un sonajero, una caja de música, el sonido del agua, un timbre. Sonidos rítmicos y poco estridentes.

Al niño le encanta oír la voz de sus padres: le gusta oír que le hablen en un tono suave e íntimo pero también le agradan y le sorprenden los distintos tipos de sonidos que pueden llegar a producir para él, juegos como cambiar de tono o volumen, repetir sílabas, cantar, chasquear, silbar. Si el niño escucha tal variedad de sonidos desde el principio puede que más tarde le sea más fácil reproducirlos.

Finalmente hay que familiarizar al niño con la música pero no con cualquier tipo de música, hay que buscar ritmos suaves, agradables, tranquilizadores. La música clásica es una excelente forma de iniciarse en el mundo de los sonidos.

Jugar con la vista

Los bebés observan con atención todo lo que está dentro de su campo visual, así que una buena opción es decorar su habitación de una manera llamativa y estimulante. Cuando los niños son tan pequeños pueden reconocer los colores fuertes y contrastantes. Trate de que su ropa de cama, cortinas y sábanas tengan colores cálidos y agradables. Puede probar a ver cómo reacciona su bebé frente a los distintos colores, usted notará fácilmente con cuál de ellos se muestra más a gusto.

A la hora de seleccionar los juguetes siga el patrón de colores fuertes y brillantes. No es necesario dejar demasiadas cosas en su campo visual, basta con una o dos cada vez, el exceso de objetos le creará confusión.

Uno de los juguetes que no pueden faltar en la cuna del bebé es el móvil. Seleccione un móvil llamativo y déjelo a unos 30 a 40 cm de distancia de la cabeza del bebé. Cuando lo lleve a la cuna muéstrele el móvil y gírelo para llamar su atención.

Cuando el niño esté especialmente atento muéstrele algún juguete y desplácelo horizontalmente con movimientos lentos.

Aproveche los paseos diarios para mostrarle plantas, flores, árboles y animales. Cada día puede enseñarle una cosa nueva para que la hora del paseo no se convierta en una tarea demasiado agotadora. Los niños tienen una curiosidad natural que los lleva a fijarse con atención en todo lo que ven.

Proporciónele a su hijo también el contacto con libros especiales para su edad, por lo general son láminas de gran formato con figuras geométricas, manchas de colores o dibujos esquemáticos de animales o seres humanos.

Jugar a tocar

Para ayudar al bebé a desarrollar el sentido del tacto es preciso ofrecerle diversos materiales y formas, de modo que pueda discriminar las sensaciones, como frío, calor, suavidad, dureza, etc. No necesita de nada diferente a los objetos que tiene a su alrededor y de las distintas formas de contacto físico. Más delante hablaremos sobre la importancia de las caricias y de los masajes.

De momento diremos que es necesario ofrecerle al bebé materiales y texturas de distintos tipos. Acaricie al niño con distintos tipos de tela: algodón, toalla, terciopelo, raso, algodón, etc. Déjelo entrar en contacto con estos materiales durante un buen rato de modo que pueda explorar por sí mismo las distintas texturas. De igual manera, tome su manita y pásela por objetos de distintos materiales como madera, plástico o metal.

Cuando el bebé crezca un poco y cambie de alimentación, se podrá estimular mejor el sentido del gusto y el del olfato. La relación de los dos sentidos es muy importante en el momento de introducir los primeros alimentos sólidos.

INCIDENTES Y PREOCUPACIONES MÁS FRECUENTES

ENFERMEDADES CONTAGIOSAS

Hay formas eficaces y sencillas de prevenir el contagio de ciertas enfermedades como la gripe o el resfriado. Otras enfermedades de más riesgo para la salud requieren de vacunación. Consulte con el pediatra. (Calendario de vacunación en la página 279.)

Para evitar la transmisión de gérmenes impida que las personas enfermas se acerquen demasiado al bebé. En general, impida que se le den besos en la boca.

Trate de evitar al máximo lugares congestionados como bares, mercados o calles demasiado transitadas. El humo del tabaco y de los coches es nocivo para el bebé.

✓ Pida a sus familiares y amigos cercanos que no fumen en presencia del bebé y que tomen precauciones elementales como lavarse las manos y la cara antes de cogerlo en brazos.)

✓ Acuda a centros de salud, hospitales y clínicas solo cuando sea estrictamente necesario. Son ambientes donde resulta fácil infectarse.

✓ Vigile el contacto con animales de compañía como perros y gatos. Deben estar sanos, desparasitados y vacunados. Cuando el bebé esté más mayorcito se debe estar al tanto de que no toque los excrementos de animales: suele haber muchos en los parques y areneros públicos.

MALFORMACIONES EN LOS PIES

En los primeros meses los pies del bebé pueden tener una postura que resulta extraña. Muchos padres consultan al pediatra porque sus hijos tienen las piernas y los pies torcidos hacia adentro. Esta es la posición natural que adoptan los pies cuando el niño está todavía en el vientre materno. A medida que vaya creciendo, las extremidades se irán fortaleciendo, enderezando y adquiriendo la postura indicada para otros hitos del desarrollo como gatear o caminar.

En cualquier caso, el pediatra normalmente revisa la postura de los pies y de las piernas. Si hay inquietud por una posible anomalía es mejor consultarlo con él para que haga los análisis del caso.

PROBLEMAS CUTÁNEOS Y REACCIONES ALÉRGICAS

En el segundo mes son también muy frecuentes las consultas referidas a alteraciones de la piel y a ciertas reacciones alérgicas.

Dermatitis seborreica

Es una enfermedad del cuero cabelludo. Se caracteriza por la formación de escamas grasas en la superficie de la cabeza. Dependiendo de la gravedad del caso las manchas pueden ser blancas, amarillas o marrones.

No hay que intentar arrancarlas porque se corre el riesgo de dejar cicatrices.

Suelen desaparecer de forma natural al año de nacido.

El tratamiento casero más indicado es aplicarle vaselina o aceite de oliva antes del baño para ablandar las escamas, al cabo de media hora se baña al niño aclarando muy bien los restos de champú. Finalmente se peina al niño con un cepillo suave.

La sudamina

Cuando el niño pasa demasiado calor y suda es frecuente que desarrolle unos pequeños granitos rojos que desaparecen rápidamente cuando vuelve a recuperar la temperatura normal.

Para evitar esta erupción hay que vestir al niño con ropa de fibras naturales como el algodón. En verano hay que vigilar constantemente su temperatura.

Escaldadura en la zona del pañal

Se produce por el contacto directo de la piel con el amoniaco que produce la orina y por la intervención de los agentes infecciosos que contienen las heces. Si no se cuida a tiempo, se forman ampollas que pueden llegar a supurar e infectarse. Es una molestia muy dolorosa.

✓ No utilizar ningún producto que contenga alcohol porque se irritará más.

✓ Cambiarlo rápidamente cuando ensucie el pañal.

✓ Evitar jabones perfumados.

✓ Si no se cura de esta manera hay que consultar al pediatra porque seguramente hay una infección.

Alergias e intolerancia a la leche

Algunos bebés alimentados con leche maternizada pueden desarrollar alergias por intolerancia a sus componentes. Casi todas esas leches tienen como base la leche de vaca y el organismo del bebé es todavía inmaduro para procesarla. Si después de tomar el biberón el niño vomita o hace unas deposiciones demasiado líquidas o con mucosidades, lo más seguro es que esta reacción alérgica tenga que ver con la leche maternizada. Hay que acudir al pediatra con rapidez ya que el bebé corre el riesgo de deshidratarse. En casos más complicados algunos bebés desarrollan eczemas, sarpullidos o problemas respiratorios.

Detectar la intolerancia a los componentes de la leche no es fácil. El médico por lo general indica el cambio a otro tipo de leche como la de soja, que no contiene lactosa o a leches hidrolizadas, es decir, leches en las que las proteínas causantes de la alergia ya están descompuestas. La única manera de estar seguros de que hay intolerancia es con el sistema de prueba y error. Si al volver a consumir la leche anterior se vuelven a presentar los síntomas será mejor cambiar el tipo de leche.

Es más raro el caso de una deficiencia enzimática de carácter congénito. En ese caso el organismo del bebé es incapaz de digerir la lactosa, el azúcar de la leche, y como consecuencia de ello tienen diarrea con mucha frecuencia y, por supuesto, no aumentan de peso.

Reacciones a alimentos que consume la madre

Cuando el niño está siendo alimentado con leche materna puede desarrollar reacciones alérgicas o sensibilidad extrema a ciertos alimentos que la madre consume. Para evitar este tipo de problemas:

✓ Durante los primeros meses restrinja el consumo de alimentos y condimentos demasiado fuertes como ajo, cebolla, pimienta o chocolate.

✓ Evite, mientras dura la lactancia, la ingesta de mariscos y trate de consumir solo pescados de origen certificado.

✓ No fume. Las sustancias tóxicas del tabaco van a la sangre y a la leche y pueden causar vómito y malestar general en el bebé.

✓ No consuma bebidas que contengan cafeína. Si se toma demasiado café o té se pueden alterar los periodos de descanso del niño.

✓ Evite las bebidas alcohólicas. El alcohol disminuye el reflejo de salida de la leche y puede producir en el niño sensación de irritabilidad y cólicos.

✓ Evite al máximo el consumo de alimentos procesados. Suelen contener sustancias químicas que el bebé todavía no puede asimilar.

✓ En la medida de lo posible consuma alimentos orgánicos en cuyo proceso de crecimiento no se hayan utilizado pesticidas ni abonos químicos. Limpie muy bien todos los productos de hoja verde, las legumbres y las frutas.

✓ No se automedique por ningún motivo. En caso de molestias de salud acuda al médico para que le indique las medicinas que puede tomar sin afectar al bebé.

TEMA DESTACADO

MASAJES Y CARICIAS

Una de las mejores formas de transmitir sensaciones positivas al bebé es a través de las caricias y de los masajes. Son formas de comunicación no verbal que logran establecer un puente entre el niño y sus padres, y que les permite vivenciar el cariño que se tienen.

Cuando un niño es acariciado por su madre se siente reconfortado, cómodo y seguro. Al acunar, estrechar y abrazar se transmiten sentimientos como la alegría, la tranquilidad. A veces basta un abrazo o una caricia para aliviar la inquietud, el dolor o la pena.

La vida diaria de un bebé no está exenta de sensaciones desagradables o de situaciones de estrés. Los niños sienten ansiedad, cansancio, agotamiento y agobio. En ocasiones lloran porque se sienten solos o porque sienten frustración o impotencia. Como dependen para todo de sus padres es bastante frecuente que se presenten accesos de llanto que no dejan otra explicación posible que el estrés o la ansiedad.

Ahora bien una cosa es mimar al bebé y otra cosa muy distinta es darle un masaje relajante para aliviar tensiones o para sosegar el ánimo.

Por lo general las madres se muestran muy amorosas con el bebé y lo abrazan, lo acarician, le frotan la cabecita, el cuello, las piernas, etc. Esta es una forma natural y universal de transmitir sensaciones positivas. Ahora bien, dar un masaje más profundo requiere de unos conocimientos prácticos distintos.

Hoy por hoy, en muchos centros médicos e instituciones asociadas imparten ese tipo de conocimientos sobre el arte del masaje. Sin embargo, algunos pediatras, en casos específicos, consideran contraindicado masajear al bebé. Por esta razón es mejor consultar con el pediatra sobre la conveniencia del masaje teniendo en cuenta la historia clínica del bebé.

VENTAJAS DEL MASAJE

El masaje logra que el bebé se relaje cuando está irritable, que respire más acompasadamente, también le ayuda a eliminar el estrés y, en ocasiones, disminuye la sensación de malestar asociada con el cólico. Además, el masaje estimula las vías de entrada de información y, afirman los expertos, favorece sus conexiones neuronales.

Las ventajas del masaje no solo las disfruta el bebé, la madre también obtiene provecho con él. Aparte de reforzar el vínculo con el niño, disminuye su propia tensión y ayuda a superar la tristeza relacionada con la depresión posparto. Está demostrado que tanto dar como recibir masajes contribuye a eliminar la tensión emocional.

Los defensores a ultranza del masaje le atribuyen poderes terapéuticos como el de ayudar a eliminar toxinas, aumentar la flexibilidad corporal, fortalecer el sistema inmunológico y estimular el sistema circulatorio.

Recuerde que cuando, por cualquier razón, no se puede pasar mucho tiempo con el niño, el masaje es la mejor opción de establecer un contacto íntimo de gran calidad. No es necesario ser un experto para dar un buen masaje. Lo ideal es realizar movimientos rítmicos y firmes pero no demasiado fuertes. Si de vez en cuando dedica 20 minutos al masaje notará con agrado lo bien que se sienten los dos.

Hay muchos tipos de masajes pero el que describimos a continuación es un masaje integral que recorre lentamente todo el cuerpo del bebé.

✓ En primer lugar busque un momento del día que les resulte a los dos especialmente agradable y relajado. A muchos niños les encanta el masaje después del baño.

✓ Acto seguido verifique que en el lugar no hay corrientes de aire y que la temperatura de la habitación es agradable.

✓ Lávese muy bien las manos y caliénteselas utilizando una toalla humedecida en agua caliente. Para este fin también puede frotarse las manos vigorosamente.

✓ Utilice un aceite suave. Los aceites naturales más recomendados son el de semillas de uva, coco, almendras o girasol.

Previamente se ha de comprobar que el aceite no le cause irritaciones de ningún tipo, para lo cual ponga una pequeña cantidad de aceite sobre una zona de la piel del bebé y vigile la reacción. Si quiere evitar molestias pruebe con los productos para bebé que indiquen que son hipoalergénicamente controlados.

Mientras dure el masaje no deje de hablarle al niño, sonreírle y mantener el contacto visual. No sacuda nunca al bebé, en lugar de calmarse se pondrá más nervioso y excitable. Para sosegarlo puede poner música suave de melodías rítmicas.

INDICACIONES

Ponga al bebé desnudo sobre una toalla en una superficie lisa y cómoda en posición boca arriba. Deslice las manos de arriba hacia abajo con movimientos firmes desde la cintura hasta los piececitos, primero por la parte externa del cuerpo y a continuación por la parte interna.

A continuación sostenga una pierna del bebé con una mano y vaya deslizando la otra mano desde la base de la pierna hasta el pie. Luego, masajee el pie durante unos minutos. Repita la operación en la otra pierna.

Ahora deslice las manos a lo largo de la parte interior de los brazos y después por la parte exterior. Rodee el bracito con la mano y deslice el puño desde la base hasta la muñeca.

Acto seguido, frote suavemente la parte más externa del pecho. Con movimientos circulares, siguiendo las manecillas del reloj masajee el pecho del bebé durante cerca de un minuto. Repita esos mismo movimientos en el vientre.

Si el bebé se muestra interesado y feliz puede repetir todo el masaje en posición boca abajo.

MASAJES PARA ALIVIAR

El cólico se puede aliviar masajeando el estómago con lentos movimientos circulares. Después flexione las piernas del niño hacia el estómago para que relaje los músculos. Finalmente, con movimientos de arrastre recorra el estómago del bebé de izquierda a derecha, esto le ayudará a eliminar los gases.

EL BEBÉ DE TRES MESES

Es mucho más activo, sociable y entusiasta. Ha aprendido a sonreír a sus padres; les regala amplias y generosas sonrisas que ellos reciben con alegría. Usará la sonrisa como medio de intercambio social.

Con el paso de los días va teniendo más dominio de su cuerpo y de sus movimientos. Está muy interesado en jugar y en conocer el mundo que lo rodea.

DESARROLLO MOTRIZ

✓ Cuando está tumbado boca abajo se apoya en los antebrazos y puede levantar la cabeza y los hombros en un ángulo que llega aproximadamente a los 45°. Al final del tercer mes ya podrá levantar la cabeza 90°, sin ladearla, durante algunos segundos. Esta es una posición fundamental que precede al gateo.

✓ Cuando está sentado puede sostener la cabeza durante unos segundos. El cuello todavía es débil.

✓ Empieza a patalear cuando está acostado boca arriba. Si en esta posición se le toma de los brazos para ayudarle a sentarse, echará la cabeza hacia delante. En el mes anterior el peso de la cabeza le impedía controlar el movimiento y se le iba hacia atrás.

✓ Si se le deja en la cuna apoyado sobre un costado se dejará caer en posición boca arriba.

✓ Cuando se le sujeta verticalmente, de modo que sus pies
reposen sobre una superficie lisa, flexionará las rodillas,
mantendrá las piernas abiertas y separadas y dejará la
cabeza recta durante algunos segundos.

✓ Mantiene las manos abiertas y se las mira con frecuencia.
Si se le pone un objeto pequeño en la mano lo agarra y lo
sostiene algunos segundos. Puede juntar las manos por
delante.

✓ Los movimientos son cada vez más voluntarios aunque
todavía falta coordinación.

✓ Tiene mejor control nervioso, deja de hacer aspavientos
repentinos, se ubica mejor en el espacio.

✓ Empieza a utilizar más una mano que otra; aunque todavía falta mucho tiempo para saber si será zurdo o
diestro.

✓ Se inician sus acercamientos hacia los objetos de su entorno. Lo hará paulatinamente y sin aventurar demasiado.
La coordinación mano ojo se irá perfeccionando con cada
nuevo intento. Es una buena temporada para jugar en
el gimnasio.

CARACTERÍSTICAS FÍSICAS

PESO

Al iniciar el tercer mes el peso medio de los bebés puede oscilar entre los 4400 y los 5200 g, el promedio de peso para los niños es de unos 5000 gramos y el de las niñas 4800.

Durante este mes aumentan una media de 200 gramos por semana y a partir de este periodo ganará peso a un ritmo más lento.

TALLA

La medida puede fluctuar entre los 50 y los 62 cm. A lo largo de este mes crecerá aproximadamente 3 cm.

La talla de un bebé de 5000 gramos es de aproximadamente 57 cm y la de una niña de 4880, de 56 cm.

ASPECTOS FUNCIONALES

VISTA

A los tres meses el bebé tiene una visión mucho más desarrollada. Los dos ojos están centrados, cada vez bizquea menos y puede mantener el contacto visual durante algunos segundos. Ahora empieza a reconocer las caras y a memorizarlas. Reconocerá la cara de su madre a simple vista y sin necesidad de oír su voz.

Su visión de lejos y de cerca está más afinada, ya puede centrar y distinguir mejor los objetos. Sigue el desplazamiento horizontal de los juguetes que se le pongan enfrente.

Recuerde mostrarle objetos de colores fuertes. Reemplace con alguna frecuencia los móviles de la cuna y cambie al niño de posición con frecuencia para que pueda ver las cosas desde distintos puntos de vista.

TACTO

Tocar y probar son los dos recursos que el bebé utiliza para obtener la información que necesita. Como el dominio de sus manos es cada vez mejor irá ganando precisión y sofisticación en los movimientos. Empieza a tener referencias del mundo exterior porque ya puede agarrar objetos pequeños con las dos manos y llevárselos a la boca. Para estimular esas capacidades ofrézcale la posibilidad de tocar nuevas texturas: felpa, algodón, lino, etc. Una buena actividad para descubrir las calidades de los objetos es acariciarlo primero con algo muy suave y después acercarle la mano a un objeto áspero o dejarle tocar un cubito de hielo y después algo tibio, por ejemplo, un pañuelo previamente humedecido con agua caliente.

OÍDO

El bebé, a los 3 meses, ya escucha casi tan bien como un adulto. Se concentra cuando oye voces y fácilmente puede reconocer la de mamá y papá. Si está en compañía de una canguro o de sus abuelos y escucha la voz de su madre dejará lo que esté haciendo para buscarla con la mirada.

Cuando algún sonido llama su atención mira en derredor tratando de descubrir el lugar de donde proviene.

Se pueden estimular sus nuevas capacidades llamándolo desde un lugar que salga de su campo de visión. El niño estará atento a lo que escucha y girará la cabeza intentando localizar a quien le habla.

GUSTO Y OLFATO

En esta etapa continúa sintiendo predilección por lo dulce. Más adelante, cuando se introduzcan variaciones en la dieta se podrán estimular mejor los sentidos del gusto y del olfato.

De momento el niño huele todo lo que hay alrededor,

así que el contacto físico ya le aporta experiencias en ese sentido. Trate de que otros miembros de la familia estén cerca, de modo que el niño pueda ir descubriendo el olor natural de las personas.

También se le pueden dar a oler objetos cotidianos como el jabón de baño, los aceites del masaje, etc. La idea es proporcionarle nuevas experiencias para ir ampliando su memoria olfativa.

CAPACIDADES LINGÜÍSTICAS

Emite una serie compleja de sonidos que van desde gorjeos hasta gritos y las risas. Como ahora posee más mecanismos de expresión llora con menos frecuencia. Presta atención a las conversaciones y cuando alguien le habla, él trata de responder.

El niño aprende a hablar porque oye e imita los sonidos. Una buena manera de ayudarlo es ir contándole lo que hacen juntos a lo largo del día: «ahora vamos a cambiarte el pañal», «te pondremos un poco de protector y saldremos de paseo», etc. De este modo el niño puede ir relacionando el sonido de las palabras con una acción o un evento aunque todavía no pueda comprenderlo. Cuando el niño haga sonidos imítelo mirándolo desde muy cerca, él estará atento a la gesticulación y los repetirá con mayor facilidad.

ASPECTOS SOCIALES

LAS PRIMERAS SONRISAS DE INTERCAMBIO
La socialización del bebé es progresiva. A medida que crece va adaptándose al grupo familiar, va reconociendo las

rutinas y va imitando los comportamientos que le garanti-zan la satisfacción de sus necesidades y deseos. El tercer mes es el periodo en el que sale de sí mismo y empieza a relacionarse con el mundo exterior. Las habilidades y destrezas que ahora tiene le garantizan un éxito total en esta nueva etapa de apertura ya que se interesa por todo lo que sucede, quiere descubrir, tocar, probar, conocer...

Durante el tercer mes, el niño reconoce a los padres cuando los ve y manifiesta su alegría. El premio a la presencia de los padres es una generosa sonrisa que los padres reciben con satisfacción y orgullo. La sonrisa es un mecanismo de intercambio social que solo utilizará con sus padres y quizá con personas muy cercanas como sus abuelos y hermanitos.

Es aconsejable incentivar el contacto con otros bebés. Aunque al principio no se muestre muy interesado por ellos, el simple hecho de habituarse a su presencia le ayuda a abrirse al mundo.

También es un buen momento para integrar a su vida nuevos adultos. Como todavía puede separarse de sus padres sin llorar y sin sentirse abandonado es posible dejarlo al cuidado de otras personas, pero no por mucho tiempo.

Otra de sus habilidades tiene que ver con el aumento de su lenguaje gestual. Al tercer mes sonríe, intercambia miradas y expresa sus emociones. Ahora tiene una cierta capacidad de anticipación que le permite manifestar su agrado y su excitación. Ya puede reconocer los preparativos de eventos como el baño o la hora de dormir. Además ha aumentado notablemente su memoria. Cuando ve algo que reconoce se pone muy contento; gesticula, grita y llama la atención. Va desarrollando sus propios gustos y lo hace notar. Es capaz de mostrarse intransigente y peleón cuando algo no le gusta.

NECESIDADES AFECTIVAS

La relación del bebé con los padres es ahora más fluida y estable, ya se conocen mucho mejor y, afortunadamente, ha quedado atrás la época de los sobresaltos. Cada vez se van normalizando más los horarios y las rutinas. Como decíamos en el apartado anterior esta es una etapa de apertura al mundo así que el bebé ya no precisa de tanta atención. Le gusta estar a solas de vez en cuando. Está empezando a ser consciente de que es un individuo. Los padres deben animar al bebé y ser conscientes de que empieza una nueva etapa y una nueva forma de relacionarse. El amor sigue siendo el mismo solo que es preciso manifestarlo de otras formas, por ejemplo, riendo y jugando. Como el bebé es más activo se muestra más receptivo a los juegos. Le gusta oír canciones y tener a mano distintos tipos de juguetes. Si está solo y entretenido no hay que interrumpirlo. Él pedirá compañía cuando la necesite. Si pierde interés en el juego manifestará su necesidad de estar solo y tranquilo: retirará la vista o se girará evitando el contacto.

NECESIDADES ALIMENTICIAS

Un niño de tres meses tomará al día entre 120 a 140 ml de leche materna o de leche de fórmula, repartida en 6 tomas. Antes de ir a dormir suelen tomar una mayor cantidad de leche: su estómago ha aumentado de tamaño y almacena alimento suficiente para las horas de sueño.

En esta etapa el aparato digestivo ya está más adaptado y maduro, así que los cólicos serán cada vez más escasos.

NECESIDAD DE DESCANSO

Como sus horarios son más estables es posible que ya duerma la noche entre 6 y 7 horas. De día puede estar despierto hasta tres cuartos de hora seguidos. En promedio, los bebes de 3 meses llegan a dormir entre 18 a 20 horas diarias.

Cuando está despierto se muestra muy atento. Su capacidad de concentración ha mejorado notablemente. Pasa mucho rato observando lo que le interesa: sus manos, sus juguetes, el rostro de la madre, etc.

NECESIDADES FISIOLÓGICAS

Aunque hay variaciones entre un niño y otro, suelen presentarse entre 2 y 5 deposiciones diarias. Todavía se presentan, por lo general, tras las tomas de leche.

El bebé de tres meses orina en pequeñas cantidades aunque con bastante frecuencia, cerca de 20 a 25 veces al día.

CUIDADOS

ESTIMULACIÓN: MEJORAR EL EQUILIBRIO Y FORTALECER LAS PIERNAS

Uno de los hitos en el desarrollo físico del bebé es que logre mantener la cabeza en un ángulo de 90° estando en posición boca abajo y repartiendo parte del peso de su cuerpo sobre los brazos. Dominar esta postura es indispensable para que el bebé, en los meses siguientes, logre hacer sus primeros desplazamientos: reptar sobre la barriga y, posteriormente, gatear. El bebé durante los primeros meses ejercita mucho la parte superior de su cuerpo –cabeza, hombros, pecho y brazos– mientras que el desarrollo de la parte inferior es más lento. El bebé patalea desde el segundo mes pero no llegará a tener control de los movimientos de las piernas hasta que no empiece a tratar de reptar. Por esta razón conviene ayudarle a fortalecer las piernas al tiempo que se le ofrecen estímulos para que desarrolle su sentido del equilibrio: un ingrediente fundamental a la hora de intentar el desplazamiento autónomo.

A continuación describimos unos ejercicios sencillos y prácticos que usted puede hacer en casa con su bebé.

Para fortalecer las piernas:

✓ Ponga al niño, tendido boca arriba, sobre una superficie estable y amplia. Es importante que tenga absoluta libertad de movimientos. Si solo lleva un pañal, mejor. Cuando empiece a patalear sostenga un objeto suave (una almohada o una pelota de goma) a la altura de sus pies de modo que cuando lo roce le ofrezca alguna resistencia.

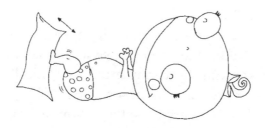

✓ En esa misma postura deslice su mano por debajo del trasero y manténgalo así durante unos minutos. Podrá patalear con mayor libertad porque usted sostiene el peso.

Para ayudarlo a perfeccionar el sentido del equilibrio:

En los dos ejercicios siguientes usted debe estar cómodamente sentada con las piernas cruzadas sobre una alfombra o una manta mullida.

✓ Siente al bebé frente a usted y sujételo por debajo de las axilas. A continuación balancéelo lentamente hacia un lado y otro y después hacia delante y atrás.

✓ Ponga al pequeño entre sus piernas asegurándose que apoye la espalda sobre su vientre. Agárrelo por debajo de las axilas y balancéese lentamente hacia derecha e izquierda.

Recordatorio

A lo largo del día, cambie al niño de postura con cierta frecuencia. Si está en una sola posición se cansa y no tiene posibilidad de ejercitar las distintas partes del cuerpo. Pruebe a dejarlo durante un rato de costado, luego boca abajo, boca arriba, o sentado en el cochecito. Él mismo le irá indicando cómo se encuentra mejor.

CANGUROS Y GUARDERÍAS

En nuestra sociedad son cada vez más escasos los padres que pueden dedicarse con exclusividad a la crianza de los niños. Hoy en día, tanto las mujeres como los hombres adquieren compromisos laborales que los obligan a dejarlos al cuidado de otras personas. La opción de llevar al niño a la guardería o de dejarlo en casa con una persona de confianza plantea a los padres una serie de inquietudes acerca de la seguridad y bienestar de su hijo.

¿Cuál es la mejor opción?

Depende de las necesidades específicas de la familia. Si el horario de los padres es flexible quizá les resulte mejor disponer de un o una canguro. Tranquiliza saber que el bebé está seguro en casa y que, entre otras cosas, no está tan expuesto a sufrir de enfermedades contagiosas como gripes y resfriados. Si el bebé permanece en casa acepta más fácilmente la ausencia de los padres ya que no extraña ni su hogar ni sus juguetes. Además está siendo atendido con exclusividad por una persona de confianza.

La guardería ofrece otro tipo de ventajas. Es un lugar especializado en el cuidado de los niños, con un grupo de profesionales a su servicio y en un horario específico. El bebé entra rápidamente en contacto con otros niños de su edad, y se acostumbra al hecho de compartir y socializar.

¿Cómo seleccionar el canguro?

✓ Escoja una persona que comparta con usted los criterios que considere fundamentales. Si, por ejemplo, usted es no fumador, lo mejor será que elija a una persona que no fume.

✓ Haga su elección tras verificar que el niño se siente a gusto con el canguro. No basta con tener mucha experiencia o con presentar un buen currículo: sólo en la práctica se puede ver qué tan bien se entiende el bebé con su canguro.

✓ Compruebe las referencias familiares y personales del candidato. Hable tranquilamente con los padres de otros niños atendidos por su canguro. Aunque confirmar las referencias pueda parecer excesivo esta es la única manera de asegurarse de que el niño estará bien atendido.

✓ En la entrevista personal se ha de preguntar sobre temas tan importantes como el concepto de disciplina, de los horarios y rutinas del niño, etc. Es muy práctico valerse de circunstancias hipotéticas para comprobar la opinión y experiencia que tiene el/la canguro; por ejemplo: ¿qué haces si el niño no quiere comer o si no te hace caso?

¿Que harías en caso de tener un accidente?, etc.

✓ Pacte con claridad los horarios, el precio, la forma de contactar y las tareas relacionadas con el cuidado del niño. Esto le evitará innecesarias complicaciones y malos entendidos.

¿Cómo seleccionar la guardería?

✓ Cuando visite el centro por primera vez tome nota del comportamiento de los cuidadores y de los niños, si se les ve contentos o relajados, etc. La primera impresión es fundamental.

✓ Trate de conversar con los padres de otros niños para que le expliquen cuál ha sido su experiencia y cómo valoran la institución. Conviene también comprobar que los permisos oficiales estén en regla y que no haya quejas o querellas contra la guardería.

✓ Averigüe con detalle el tipo de organización de la guardería, el número de personas que trabajan allí y la labor que realiza cada uno. Además pregunte por el tipo de servicios que ofrecen y las actividades que suelen realizar. Es importante saber, por ejemplo, si la guardería cuenta con personal médico, si hay ludoteca, si los niños ven televisión, etc.

✓ Pregunte al encargado cuál es la filosofía del centro con relación a temas tan importantes como: la alimentación, la disciplina, la formación artística, la ecología, etc.

EL PLACER DEL BAÑO

Son muchos los bebés que se muestran especialmente felices a la hora del baño. Dan señales de alegría desde que empieza a sentir los preparativos: el sonido del agua, la actividad de la madre, etc. Una vez en el agua, ríen, juegan y chapotean y se resisten a salir de la bañera; les encanta estar allí. Quizá disfruten con el cambio de medio, con la temperatura del agua o con la atención que les prestan sus padres en ese momento.

Si al bebé le gusta la hora del baño hay que aprovechar al máximo ese momento del día y hacerlo tan agradable como sea posible.

Si los padres se sienten seguros bañando a su hijo, él se entregará completamente a la sensación de placer que le produce el agua. Pero si los padres se sienten tensos o temerosos, el niño vivirá la hora del baño con inquietud. En la medida de lo posible hay que mantener a raya las tensiones cotidianas y tener claro que lo importante es que el niño disfrute el tiempo que sus padres le dedican. Vale más esperar un poco hasta estar tranquilo y relajado que apresurarse a darle un baño que ninguno de los dos disfrutará.

Recomendaciones

✓ Recuerde que debe tener a mano todo lo que vaya a utilizar: toallas, jabón, esponjas, juguetes, etc. Esto le evitará exponer al bebé a situaciones de peligro.

✓ Compruebe la temperatura del agua y del cuarto de baño asegurándose de que no haya corrientes de aire.

✓ El niño no debe estar desnudo fuera de la bañera por demasiado tiempo: pierde calor con facilidad. Manténgalo envuelto en una toalla hasta que lo ponga en la bañera y, al terminar el baño, vístalo con rapidez.

✓ Hable con el bebé mientras dura el baño. Muéstrele los objetos que utiliza para bañarlo, indíquele las partes del cuerpo, explíquele cosas, cántele. Él estará encantado y, al poco tiempo, empezará a participar de la conversación.

Miedo al agua

Si el niño tiene miedo al agua hay que ir acostumbrándolo poco a poco sin ninguna brusquedad. Si está muy reacio y llora desconsoladamente pruebe a darle baños de esponja durante alguna temporada.

Pasados algunos días familiarice al bebé con el uso de la bañera. Ponga muy poca agua, empiece por mojarle solamente los pies o las manos y no lo lave con jabón hasta que compruebe que se siente a gusto.

No lo desnude por completo. Al parecer, la sensación de desnudez junto con el cambio de medio asusta a algunos niños.

Haga la situación lo más agradable que pueda: ponga juguetes en la bañera, ponga música suave para tranquilizarlo. No deje de hablarle mientras dura el baño.

INCIDENTES Y PREOCUPACIONES MÁS FRECUENTES

ALTERACIONES DEL SUEÑO

A los tres meses ya es común que los bebés duerman de noche durante 6 o 7 horas seguidas. Como su estómago es más grande pueden tomar mayor cantidad de alimento y cada vez se despiertan menos para comer. Sin embargo algunos niños presentan alteraciones en esta rutina y tiene problemas para conciliar el sueño. Los incidentes más comunes relacionados con el sueño del bebé son los que referimos a continuación.

Confundir el día con la noche

Como los niños pasan dormidos una gran cantidad de tiempo es bastante frecuente que confundan el día con la noche y se despierten activos en un momento en que el resto de la familia descansa. En este caso conviene acompañar las horas de sueño con señales claras e inequívocas que le enseñan las diferencias entre la actividad diurna y los periodos de descanso nocturno. La idea es ir formando hábitos para que las pautas del sueño sean más estables. Cuando el niño duerma de día deje las cortinas abiertas para que se acostumbre a la luz, no evite los ruidos típicos de la casa y no lo deje dormir durante demasiadas horas seguidas. Si duerme más de cuatro horas seguidas de día es seguro que se despertará de noche para comer, jugar o simplemente para observar lo que tiene alrededor. Por la noche apague todas las fuentes de luz y evite los ruidos demasiado altos.

Despertarse llorando

Durante el sueño nocturno algunos bebés sufren sobresaltos, se despiertan llorando y tiene problemas para volver a conciliar el suelo. En algunos casos se trata solo de que tiene hambre o que está incómodo por la humedad del pañal, pero es frecuente que lo que necesite sea un poco de compañía.

Como todavía no puede explicar sus sensaciones solo queda acompañarlo, mimarlo y hablarle hasta que recupere la tranquilidad.

Si el problema persiste durante muchos días pruebe a cambiar la ubicación de la cuna.

Cómo regularizar los horarios del sueño nocturno

✓ Organice una rutina clara y estable que le permita al niño saber, con anterioridad, que se acerca la hora de descansar: primero, un baño, luego apagar las luces de la casa, poner una música suave, bajar el tono de la voz, etc.

✓ Antes de llevarlo a la cuna evite las actividades demasiado ruidosas o estimulantes. La hora de acostarse debe ser tranquila.

✓ Si el niño tiene un muñeco predilecto déjeselo en la cuna. Si se despierta por la noche se sentirá acompañado y le costará menos volver a dormirse.

✓ Si al bebé le cuesta conciliar el sueño o si llora demasiado cuando se despierta en la oscuridad, ponga una luz suave en la habitación o deje la puerta de su habitación entreabierta con la luz del pasillo encendida.

✓ Si el niño se despierta y llora acuda a verlo pero no lo saque de la cuna inmediatamente. Déjelo en la cuna, háblele, acompáñelo pero no lo levante cada vez que llore.

OJOS LLOROSOS

Si el niño tiene los ojos llorosos hasta el punto que las lágrimas se le derraman de forma involuntaria seguramente es porque tiene los lagrimales obstruidos. Estos canales –ubicados en la comisura interior del ojo, en el punto donde se unen con los conductos de la nariz– son muy angostos y se taponan con facilidad. Lo normal es que el problema desaparezca a medida que el niño vaya creciendo. Si el problema se extiende por demasiado tiempo, el médico seguramente le enseñará a darle masajes para acelerar el proceso.

Cuando el bebé tiene el lagrimal obstruido es común que le salga una pequeña mucosidad blanca o amarillenta en la comisura del ojo o que al despertarse tenga los párpados pegados. En este caso hay que limpiarlo con algodón y agua hervida para evitar infecciones. Consulte con el pediatra sobre la forma de realizar esta operación. Si no se tienen esos cuidados de limpieza es bastante probable que el problema derive en conjuntivitis.

CONJUNTIVITIS

La conjuntivitis es la inflamación de la conjuntiva, el tejido transparente que recubre la parte exterior del globo ocular. Este tejido se inflama a causa de una infección y, generalmente, se manifiesta con una secreción de color amarillo pálido o verdoso acompañada de irritación. La parte blanca del ojo se torna rojiza. La conjuntivitis es una enfermedad muy contagiosa y molesta. Son muchas las formas de contraerla. Como explicábamos en el apartado anterior, puede ser resultado de una complicación con el lagrimal obstruido pero también por la presencia de elementos extraños o por una irritación causada por sustancias del champú o el jabón.

Cuando aparezcan los síntomas de la enfermedad hay que acudir al pediatra quien, por lo general, le recetará un colirio con antibiótico. Mientras tanto hay que vigilar que el niño no se toque demasiado los ojos y que tenga una toalla para su uso exclusivo.

FALSO ESTRABISMO

Cuando se mira fijamente al bebé parece que bizquee. La posición de los ojos de un niño tan pequeño aún no es definitiva, el ojo está creciendo. En la mayoría de las ocasiones se debe a que hay arrugas en el interior de la comisura del ojo. A medida que crece ese tejido se estira y el ojo va adquiriendo mejor aspecto.

OTITIS

La otitis es una de las enfermedades que más afecta a los niños pequeños. En ocasiones, un resfriado común puede traducirse en una infección del oído medio ya que los canales que lo conectan a la nariz y la garganta están estrechamente relacionados. El canal que conecta el oído medio con la garganta recibe el nombre de trompa de Eustaquio. Cuando hay infección ese pequeño canal se bloquea, acumula las secreciones y se inflama.

Si el niño llora demasiado y se lleva las manitas al oído puede que tenga otitis. En este caso hay que llevarlo al pediatra para que lo revise e indique el tratamiento a seguir.

TEMA DESTACADO

REGRESAR AL TRABAJO. LAS PRIMERAS SEPARACIONES

TRABAJO Y LACTANCIA

Tras los tres primeros meses de vida es bastante común que las madres trabajadoras deban regresar a su puesto de trabajo tras la baja por maternidad, en muchos casos, las primeras separaciones tienen lugar en el segundo o tercer mes. Eso depende de la madre y de los compromisos laborales que tenga. En cualquier caso, una de las decisiones más importantes a la hora de afrontar las primeras separaciones es si se continúa o no con la lactancia materna. Cuando se trabaja no es tan fácil seguir dando el pecho al bebé. La disponibilidad de tiempo varía y con ella los ritmos naturales de la lactancia.

Una madre que decide mantener la lactancia puede optar por ordeñarse para dejar preparados los biberones que se necesiten a lo largo del día y, una vez que llegue a casa volver a darle el pecho para aprovechar nuevamente esos momentos de intimidad y cercanía. El bebé seguro que lo agradecerá. Aunque el esfuerzo es grande las recompensas también lo son. El niño seguirá disfrutando de las ventajas de la leche materna y la madre se sentirá satisfecha de garantizar el bienestar emocional y físico de su hijo.

Para que el bebé acepte el cambio del pecho a los biberones suplementarios necesita de un tiempo de adaptación. El bebé tiene que acostumbrarse paulatinamente a que la madre no esté presente y a aceptar las tomas en biberón una o dos semanas antes de que ella vuelva al trabajo. Gracias a esto ella puede marcharse más tranquila sabiendo que el niño no rechaza el alimento que le dan sus cuidadores, sus abuelos o su padre.

RECOMENDACIONES

Empiece a introducir el biberón poco a poco, pruebe a dárselo cuando tenga mucha hambre de modo que el rechazo por la tetina de plástico sea menor. Pruebe también que los biberones se los dé la persona que se encargará de cuidarlo, así se ira acostumbrando a las dos cosas al tiempo.

No olvide recomendar que siempre que se alimente al bebé con biberones suplementarios se le debe mirar a los ojos, hablarle y mimarlo, si no echará de menos la compañía de la madre y es muy probable que se resista a comer a pesar de que tenga hambre.

Otra cosa importante es no forzarlo a comer más allá de lo que él quiera. Como solo se trata de biberones suplementarios puede equilibrar sus necesidades en las tomas que su madre le haga al llegar de trabajar o antes de salir.

✓ Para evitar preocupaciones innecesarias prepare con anticipación varios biberones y manténgalos en el congelador. Recuerde que como máximo deben permanecer en la nevera, sin congelar, un máximo de 12 horas. En óptimas condiciones de congelación la leche materna puede resistir entre 4 y 6 meses. Un buen consejo es anotar en el frasco la fecha y hora para utilizar primero la leche que lleva más tiempo en la nevera.

✓ Como la producción de leche aún es alta debe estar atenta a ordeñarse, aun fuera de casa, de manera que no se taponen e inflamen los conductos mamarios. Así que también conviene practicar con el extractor de leche. Al principio puede costar un poco pero a medida que se gane experiencia será más fácil. Se puede tardar entre 15 a 45 minutos según la práctica.

CONSEJOS PARA LA EXTRACCIÓN DE LA LECHE

Darse una ducha de agua caliente o aplicarse compresas calientes para favorecer el flujo de la leche. Masajee suavemente los pezones y el pecho para facilitar la tarea.

Pruebe los dos métodos más usados de extracción; de forma manual o con bombas de succión para ver cuál le resulta más cómodo y práctico. Aunque la sensación pueda parecerle molesta no debe ser dolorosa. Si hay dolor abandone la tarea, reintente verificando los pasos a seguir; nunca hay que apretar los pechos con fuerza ni tratar de exprimir solo el pezón. Para que la salida de la leche sea más fácil hay que mantener los dedos a unos cuatro centímetros del pezón.

Una manera de comprobar que la extracción es correcta es que la leche fluye con facilidad.

Recuerde que debe lavar y esterilizar muy bien todos los instrumentos que vaya a usar.

SEPARACIONES TRANQUILAS

Hay varias formas de hacer menos dolorosas las primeras separaciones. Si la madre tiene en cuenta las necesidades afectivas de su bebé la transición será menos traumática.

En primer lugar hay que tratar de hacer los cambios de una forma paulatina. Si decide llevar al niño a la guardería disponga de unos días de prueba para que se vaya acostumbrando. Posiblemente, el primer día ni siquiera llegue a dejarlo porque llora demasiado o da muestras de incomodidad, pero pasados algunos días el bebé sentirá que la guardería es un lugar más conocido. Igual sucede con la/el canguro. No se le debería dejar solo con ella/él desde la primera vez. Es importante que la madre esté presente hasta que el niño se sienta a gusto con la nueva compañía.

Durante las primeras separaciones es muy importante conservar la calma e intentar relajarse. Resulta completamente contraproducente llevar al niño con prisas y salir corriendo dejándolo en la guardería como si llevara un paquete. Los niños entienden todo lo que pasa a su alrededor y ese tratamiento no les gustará en absoluto. Planifique sus horarios con anterioridad dejando tiempo suficiente para estar con el bebé un ratito en la guardería, sobre todo, si está especialmente consentido o llorón.

✓ Explíquele por qué lo lleva allí. Aunque no entienda todas las palabras sentirá que su madre está por él, que se toma el tiempo que haga falta y que él sigue siendo muy importante para ella. Muéstrele el nuevo sitio, enséñele cómo funcionan los juguetes, dónde están los otros niños y lo que hacen.

✓ Cuando se acabe el día recoja usted misma al bebé. El reencuentro tras la jornada laboral es muy ansiado y el niño se siente bien porque comprueba que la madre va y vuelve, que no lo ha dejado. La seguridad de las rutinas lo tranquiliza.

✓ Pregunte a los encargados cómo ha estado el día del niño, si ha hecho algún avance significativo, si ha estado bien de ánimo, si ha hecho algunas cosas curiosas. Si comparte con los cuidadores la vida diaria del bebé podrá estar más al tanto de sus progresos y como último recurso estará cerca de él aunque no pasen la jornada juntos. Es muy importante mantener también este tipo de conversaciones con el/la canguro. Si la comunicación es fluida los problemas que surjan serán más fáciles de resolver.

EL BEBÉ DE CUATRO MESES

Se muestra más seguro de sus capacidades y domina mejor su cuerpo. Durante este mes deja de estar tendido todo el tiempo porque ya puede permanecer sentado con apoyo. Ahora ve el mundo desde una perspectiva nueva que le incita a la acción.

En este periodo, el conocimiento del cuerpo es fundamental. El bebé se observa con atención las manos y los pies y experimenta con ellos distintos movimientos.

DESARROLLO MOTRIZ

✓ Puede permanecer sentado, apoyando la espalda, durante un largo rato, una media hora, aproximadamente. La espalda está bastante más recta y mantiene la cabeza en

la posición media del cuerpo sin que se le caiga hacia los lados o hacia delante.

✓ Si está acostado boca abajo se apoya en los antebrazos, levanta un poco el torso y mantiene la cabeza alzada.

✓ Cuando está acostado boca arriba, levanta la cabeza y los hombros. Es la típica edad en la que se muerde los pies.

✓ Mueve las extremidades con más ritmo y coordinación. Agita las piernas constantemente, levanta los brazos y estira las manos para alcanzar sus juguetes.

✓ El control del cuerpo va aparejado con el desarrollo de la inteligencia. Ahora reconoce ciertos objetos que le resultan familiares, sus muñecos, ciertos juguetes, etc. Además, desarrolla un cierto grado de autonomía y volición, por ejemplo, descubre la posibilidad de quitarse el chupete de la boca cuando quiere y de pasarse un objeto de una mano a otra de forma coordinada.

✓ Como puede verse, su desarrollo motriz y su capacidad de coordinación van en aumento. Esto forma parte del proceso de ganar autonomía; en poco tiempo, intentará hacer sus primeros desplazamientos.

CARACTERÍSTICAS FÍSICAS

PESO
Al iniciar el cuarto mes el peso del bebé oscila entre los 4800 y 6000 g. Estadísticamente el peso medio de los varones es de 5800 g y el de las niñas de 5600 g.

TALLA
En correspondencia con el peso, la talla puede oscilar entre 52 a 66 cm. Un bebé de 5800 g medirá, aproximadamente, 60 cm y una niña de 5600 g medirá entre 58 y 59 cm.

ASPECTOS FUNCIONALES

VISTA

El bebé ya posee visión binocular, es decir, que ya tiene control sobre los dos ojos. Esto le permite ver los objetos desde una distancia mayor que en el mes anterior. Ahora enfoca muy nítidamente lo que está a unos 40 cm y reconoce las formas de los objetos que se encuentran a mayor distancia. Observa las cosas durante periodos más largos de tiempo.

Sigue un objeto que se desplaza en dirección horizontal cubriendo los 180° de su campo visual. Cuando los objetos salen de su vista él permanece atento al punto donde los dejó de ver.

La gama de colores que distingue es ahora mayor. Se muestra especialmente atraído por los colores brillantes e intensos. Los que mejor discrimina son verde, amarillo y rojo.

Pronto reconocerá los objetos cercanos sin necesidad de verlos en su totalidad. Reconstruye una imagen que le resulta familiar con solo ver una de sus partes. Si ve las patas o el vestido de un muñeco sabe de cuál de ellos se trata.

En este periodo las capacidades visuales están muy ligadas a la manipulación de los objetos. Ojo y mano se desarrollan de forma simultánea. Por ejemplo, el niño aprende a reconocer la distancia a la que se encuentran las cosas mientras intenta alcanzar una y otra vez los objetos que tiene cerca. Esa mayor coordinación mano-ojo le permite enfocar a diferentes distancias. Agudizará su percepción, a lo largo del mes, cuando mejore su capacidad de percibir la profundidad de campo y la tridimensionalidad.

TACTO

A los cuatro meses el bebé siente mucha curiosidad por su propio cuerpo. Le encanta mirar, tocar y chupar sus manos y sus pies.

Uno de los gestos característicos de este periodo es coger el biberón con las dos manos y darse golpecitos en el pecho mientras bebe.

La coordinación de los movimientos corporales mejora día a día. Cada vez es más hábil y preciso. Al principio intenta alcanzar las cosas que le llaman la atención sin lograrlo, los muñequitos del gimnasio, por ejemplo, pero en muy poco tiempo logrará llegar a ellas sin vacilación. Estimule su coordinación quitándole delicadamente los juguetes y dejándoselos al alcance de la otra mano.

El niño necesita en este periodo mucha libertad de movimiento. Déjelo jugar desnudo o solo con el pañal, en una habitación caldeada. La ropa y las mantas le impiden moverse tanto como él quisiera.

OÍDO

El niño de cuatro meses reconoce los ruidos cotidianos. Gira la cabeza en dirección a la fuente del sonido y la descubre con facilidad.

Reacciona al oír su nombre. Si la madre lo llama trata de responder de alguna manera, se agita, sonríe, balbucea.

Ha ganado capacidad de concentración; puede oír un sonido que le agrada durante bastante tiempo. Es un buen momento para ponerle música clásica y nanas. A esta edad le gustan mucho los sonajeros, los muñecos que suenan y las cajitas de música.

OLFATO Y GUSTO

Por lo general, en este mes se empiezan a introducir los primeros alimentos sólidos. Este cambio ofrece todo un mundo de posibilidades para estimular al bebé y para enriquecer su memoria olfativa y gustativa.

Aunque solo se le dan a probar muy pocas cosas todo será nuevo para él. Acostúmbrelo a tocar, ver y oler los alimentos: frutas y verduras. Cuando esté cocinando ofrézcale a oler distintos tipos de ingredientes: canela, clavo, romero, etc.

Si los olores le gustan se le ve relajado, si le parecen desagradables se agita y retira la cabeza. Esta es una buena manera de ir conociendo sus preferencias.

Los niños de esta edad evitan los sabores amargos y ácidos, continúan prefiriendo lo dulce. No se recomienda endulzar ni condimentar su comida. Él no necesita todavía ni azúcar ni sal. Aunque la comida pueda parecernos sosa, no es así. Los alimentos tienen un sabor característico que el niño sí podrá diferenciar y disfrutar.

ASPECTOS SOCIALES

Ya en el mes anterior empezó el proceso de apertura hacia el mundo exterior. Ahora ha llegado el momento de establecer nuevas relaciones e interactuar con el medio. Es un periodo en el que el niño casi siempre está alegre, observador y dispuesto a participar. Con los adultos desconocidos guarda distancia; puede que no sea simpático desde el comienzo. Empieza con timidez, los observa con detenimiento y al cabo de un rato puede sonreírles e intercambiar miradas. Con sus padres y familiares está más relajado. Les sonríe con facilidad.

Un avance significativo en sus relaciones sociales y afectivas es que ahora tiene predilección manifiesta por ciertos juguetes. Si le gusta un muñeco quiere estar con él todo el tiempo y se pone feliz cuando se lo enseñan desde lejos o cuando sus padres juegan con él. A esto se suma que su capacidad expresiva es aún mayor. Gesticula más para transmitir de una manera clara sus sensaciones frente a las cosas.

Comunica con facilidad sus estados de ánimo, sus deseos o su incomodidad. Ha desarrollado toda una gama de gestos para que la comunicación sea muy efectiva. Se agita, patalea, hace pucheros y lanza tiernas miradas que nadie puede resistir. Si algo no le gusta, protesta. Si está enfadado, lo hará saber, y si se siente frustrado, llorará desconsoladamente.

CAPACIDADES LINGÜÍSTICAS

El bebé de cuatro meses ensaya variaciones con los sonidos que produce. Hace pruebas con el volumen de su voz, y con las distintas entonaciones. Repite patrones melódicos e introduce sonidos consonánticos más complejos, por ejemplo, empieza a utilizar el sonido *t*, *b* o *g*, acompañado por los sonidos vocálicos que ya conoce. Es posible que, al final del mes, pueda pronunciar también la *r*.

La risa le permite practicar otras posibilidades. En esta edad el niño imita lo que oye, se ríe a carcajadas y grita cuando está contento.

En ocasiones habla solo o «sostiene conversaciones» con los demás: interrumpe las charlas de los adultos con sus gorjeos e imitaciones.

Para estimular este proceso mire al niño cuando esté especialmente atento y haga todo tipo de sonidos: silbe, chasquee la lengua, tararee, etc.

NECESIDADES AFECTIVAS

El cariño que se expresa a través de las caricias, de los masajes y de los mimos sigue siendo prioritario.

Al bebé le gusta sentirse seguro en compañía de sus padres. A veces requiere ayuda porque todavía no está lo suficientemente desarrollado para hacer ciertas cosas. Si quiere girarse para alcanzar un objeto y no puede, agradecerá que le den un empujoncito o que le acerquen un poco ese juguete que tanto quiere ver. Cuando eso sucede él encontrará la manera de hacerse entender, grita, patalea... Hace lo que haga falta para satisfacer su curiosidad.

Necesita que estén en constante contacto visual con él. Los gestos y expresiones de sus padres son una señal de la forma como está haciendo las cosas. Además, gracias a la mirada él aprende a reconocer el estado de ánimo de sus padres. Sabe si están preocupados, ansiosos, tranquilos o molestos. Independientemente de lo que uno desee trasmitir conscientemente, el cuerpo reacciona a los estímulos y el niño está muy atento a todo lo que ve.

RECORDATORIO

Es muy importante mantener una rutina de actividades en horarios regulares. Teniendo en cuenta el comportamiento del bebé trate de fijar unos periodos estables para jugar, pasear, comer y dormir, etc. Esto le ayudará a adaptarse a los ritmos familiares. Una vez que fije y reconozca la rutina diaria empezará a hacer predicciones del futuro más próximo. Gracias a esto ejercitará su capacidad de deducción.

NECESIDADES ALIMENTICIAS

Salvo excepciones, el bebé obtiene todos los nutrientes que necesita de la leche materna o, en su defecto, de la leche de fórmula. Necesita hacer 4 o 5 tomas diarias de aproximadamente 130-150 ml cada una.

A los cuatro meses ya se pueden ir introduciendo los primeros alimentos sólidos, por lo general, cereales, frutas y algunas verduras, en pequeñas cantidades. Consulte con el pediatra el tipo de cereales que puede ofrecerle al bebé y asegúrese que no contengan gluten.

¿CUÁNDO EMPEZAR CON LOS SÓLIDOS?

Para saber que el bebé ya esta listo para probar los alimentos sólidos verifique que haya desaparecido el reflejo de extrusión. Este reflejo que está presente en los primeros meses hace que los bebés saquen la lengua y expulsen fuera todo lo que es distinto al pecho de su madre. Si todavía está presente tendrá que esperar cerca de una semana antes de volver a intentarlo.

Una vez que desaparece el reflejo de extrusión es reemplazado por el lingual: el bebé es capaz de llevar la comida de la parte anterior de la lengua a la parte posterior. Este movimiento facilita la deglución. Si pone en la cuchara un poquitín de comida, arroz cocido en leche, por ejemplo, y se lo ofrece dejando la cucharita sobre el labio inferior, él debe ser capaz de probarla sin mayor esfuerzo. Este es el método indicado para ofrecerle alimentos, no se debe introducir la cuchara en la boca.

Para obtener información más detallada sobre este tema consulte *Cambios en la alimentación* de la página 130.

NECESIDAD DE DESCANSO

Los periodos de descanso de los niños son muy variables. No todos se ajustan al promedio que señalamos. Es probable que duerma al día entre 16 y 18 horas. Por la noche duerme entre 8 y 10 horas interrumpidas por las tomas de leche, durante el día hacen por lo general dos siestas de entre 2 y 3 horas.

En este periodo el sueño del bebé se hace más pesado y tranquilo. El niño duerme profundamente porque necesita recobrar la energía que consume a lo largo del día. Cuanto más activa sea su vida diurna más importancia tiene la calidad del sueño.

Algunos especialistas recomiendan que el bebé empiece a dormir solo en su habitación a partir del cuarto mes. Si desde pequeño se le acostumbra a disfrutar de su propio espacio se evitarán conflictos más adelante.

Para facilitar esa transición déjele juguetes en la cuna de modo que pueda entretenerse solo cuando se despierte. Una decoración agradable y una pequeña fuente de luz también son de gran utilidad. Si la habitación es acogedora el niño se encontrará cómodo.

Para que el bebé no corra riesgos de ningún tipo conviene dejar un interfono en su cuna de modo que los padres puedan oírlo en todo momento.

NECESIDADES FISIOLÓGICAS

El número de deposiciones no varía mucho con respecto al mes anterior, entre 2 y 5 veces al día, por lo general, después de cada toma.

Si ya se le están dando cereales es normal que haya algún retraso o un cambio de coloración.

En este periodo hay que estar muy atento a cambiarlo cuando moje el pañal. Aunque todavía no le hayan salido los dientes, el proceso de la dentición ya ha empezado. Uno de los cambios aparejados a la aparición de los dientes es que la orina se hace más ácida por lo que se aumentan las posibilidades de que el bebé sufra de irritaciones en la zona del pañal.

CUIDADOS

GIMNASIA Y CAMBIOS DE POSICIÓN

A continuación describiremos unos sencillos ejercicios que le ayudan al bebé a fortalecer los músculos y a practicar los cambios posturales. Básicamente en este periodo el bebé está aprendiendo a darse la vuelta cuando está acostado, y a mantenerse sentado con apoyo durante un periodo de tiempo más largo que en el mes anterior. Recuerde que no hay que forzarlos a realizar movimientos complejos. La gimnasia solo le debe servir para tonificar y ejercitar los músculos. Él logrará hacer los movimientos por su propia cuenta solo cuando esté física y emocionalmente preparado.

Siéntese y ponga al niño, de frente, sobre las rodillas. Sosténgalo de las manos y vaya estirando poco a poco.

Cuando el niño esté tumbado boca abajo ponga la palma de la mano a lo largo de sus pies y ejerza presión. El niño empujará y utilizará ese impulso para intentar desplazarse sobre el estómago.

Ponga una toalla grande y acueste al niño boca arriba. Coja los extremos de la toalla y balancéelo lentamente.

Para ayudarlo a darse la vuelta déjelo tumbado sobre uno de sus costados en posición de esgrima, es decir, con el brazo que queda sobre la cama completamente extendido. A continuación, con una mano, cójale los pies y con la otra déle un empujoncito en la espalda. Girará con facilidad. Repita la misma operación haciéndolo girar sobre el otro costado.

Otra manera eficaz de ayudarlo a girarse es dejarlo en posición de esgrima y llamarlo desde un lugar donde no pueda vernos. Lo más seguro es que se deje caer de espaldas para intentar localizarnos.

RECORDATORIO

✓ A lo largo del día hay que poner al niño en el gimnasio en distintas posiciones de modo que pueda ejercitar todos los músculos del cuerpo, mientras juega y perfecciona sus habilidades motoras.

✓ Si el niño chapotea en la bañera no lo interrumpa. Patalear en el agua es un excelente ejercicio para las piernas.

ESTAR PREPARADO PARA LOS MOVIMIENTOS INTEMPESTIVOS DEL BEBÉ

Cada día que pasa el niño perfecciona sus habilidades, se muestra más activo, más juguetón y más risueño. Está lleno de energía y no se está quieto ni un momento: patalea, mueve los brazos, arquea el cuerpo. Todos estos logros llevan implícito algún riesgo si no se está preparado para los movimientos intempestivos del bebé.

No deje solo al bebé sobre la cama o sobre lugares desde donde pueda rodar. Es posible que él ya pueda girar a voluntad o que, por lo menos, esté intentándolo una y otra vez. Si la superficie sobre la que se encuentra es inestable o demasiado alta, puede caer y hacerse daño.

Cuando cargue al bebé evite llevar alimentos calientes en las manos. Los niños se mueven rápidamente y le pueden hacer tirar el contenido de platos o tazas. Hay posibilidad de que los dos sufran quemaduras.

En la bañera hay que extremar los cuidados. Agárrelo con firmeza y ponga una toalla al fondo de la bañera para evitar que resbale. No lo deje solo nunca.

Recuerde también que los juguetes y los objetos pequeños son peligrosos para un bebé. Se puede atragantar con mucha facilidad.

INCIDENTES Y PREOCUPACIONES MÁS FRECUENTES

CUÁNDO EMPEZAR A SENTAR AL BEBÉ

La gran mayoría de bebés logran sentarse de forma autónoma entre los 6 y los 7 meses. Esto, por supuesto no se tiene que cumplir a rajatabla. Algunos niños lo harán antes y otros después dependiendo de sus pautas de desarrollo. No hay forma de acelerar ese proceso. Se tardará el tiempo que haga falta, pero sí es importante que empiece a estar sentado con apoyo para que fortalezca sus músculos.

¿Cómo saber si el bebé ya está listo?

El bebé está listo para sentarse con apoyo cuando puede mantener la cabeza en la línea media del cuerpo. Para comprobarlo deje tendido al bebé en posición boca arriba y tire de sus brazos hasta que quede sentado. Si soporta el peso de la cabeza y la mantiene centrada podrá empezar a sentarlo. Es posible que esto suceda al final del cuarto mes cuando el niño ya tiene tanta fuerza en los músculos del cuello como para no dejar caer la cabeza hacia atrás.

Llegado este momento ya es hora de cambiar el cuco por el cochecito de paseo y de dejarlo sentado, durante algunos minutos, con ayuda de cojines y almohadas.

PROBLEMAS CON EL EXCESO O EL DÉFICIT DE ALIMENTACIÓN

Es poco frecuente que un niño alimentado con pecho tenga problemas de déficit o exceso de alimentación. La leche materna responde a las necesidades del bebé y cambia sus características a medida que el niño come. Al principio de la toma la leche es más grasa y, luego, se va haciendo más ligera. Los niños alimentados con leches preparadas sí que pueden tener problemas relacionados con el peso y más aún cuando ya reciben alimentos sólidos.

En ocasiones los padres tienen la impresión de que sus hijos son más grandes o más pequeños de lo que debieran ser para su edad. Una impresión subjetiva puede ser fuente de preocupaciones innecesarias. Para evitarlas, lo mejor es controlar el peso en relación con la talla y verificar el desarrollo general del bebé. Solo así puede saberse con certeza si hay un problema de sub o sobre alimentación.

El exceso de peso

Generalmente se presentan excesos de peso cuando los padres asocian el llanto del bebé con la necesidad de comer o cuando utilizan el biberón para distraerlo y tranquilizarlo. La comida en estos casos deja de ser una fuente de alimentación y se convierte en un sucedáneo del afecto, del juego o de la necesidad de movimiento.

El exceso de peso es una alteración que requiere control desde el momento en que se detecta, porque, entre otras cosas, dificulta el desarrollo físico del bebé. A un niño pasado de peso le cuesta mucho trabajo moverse. Si el esfuerzo le resulta excesivo preferirá quedarse quieto y dejará de ejercitarse tanto como lo necesita. Si está cadena no se interrumpe es casi seguro que su desarrollo motriz sufrirá retrasos. Cuando el problema continúa durante toda la infancia tendrá más riesgo de padecer obesidad en la vida adulta.

Cómo evitar el exceso de peso

Racionalizar el consumo de leche

El bebé debe comer justo lo que necesita. Cuando ya esté satisfecho es mejor retirar el biberón y cambiar de actividad. Si fuera de los horarios habituales de comida el bebé llora o está demasiado ansioso no recurra sistemáticamente al biberón para calmarlo. Si llora porque tiene sueño o porque está incómodo es mejor acompañarlo durante un rato, acariciarlo, darle masajes, cambiarlo de posición o simplemente hablarle mirándolo a los ojos.

Controlar el consumo de proteínas

Hay que estar atento a las cantidades y calidades de la dieta del niño. El exceso de peso durante el periodo de introducción de los alimentos sólidos puede deberse a un aumento en la ingesta de proteínas. Seguramente está consumiendo una porción más grande de la que necesita mientras continúa tomando la misma cantidad de leche. A veces es necesario, previa autorización médica, cambiar la leche por una de menor contenido calórico.

Implementar los buenos hábitos alimenticios

Un bebé con sobrepeso no debe ser sometido a dietas. De lo que se trata, más bien, es de ir fijando buenos hábitos alimenticios. A continuación exponemos unos principios básicos:

✓ Es fundamental respetar el horario de las comidas. En los meses siguientes hay que procurar que también las meriendas se hagan en un horario regular y, sobre todo, que sean muy sanas. Cuando llegue el momento en que pidan golosinas debe dárselas de forma excepcional.

✓ Darle agua de vez en cuando, sobre todo, en momentos de mucho calor o cuando ya ha comido lo suficiente y continúa pidiendo más. Si se acostumbra desde pequeño a tomar agua pura, sin azúcar, ya se habrá ganado mucho terreno en el control del peso.

✓ La alimentación sana debe estar acompañada de actividad física. En la medida de sus capacidades conviene estimular al niño desde muy pequeño para que se mueva y se ejercite.

Bebés delgados

Hasta hace muy pocos años se consideraba que la gordura del bebé era sinónimo de buena salud. Por fortuna este estereotipo ha ido cambiando. Que el niño esté delgado no quiere decir, obligatoriamente, que esté desnutrido o enfermo; puede que se trate, solo, de que esa es su constitución. Mientras el aumento de peso sea gradual y responda a sus pautas de crecimiento no hay de qué preocuparse.

Necesitará atención si se presenta un cambio drástico: una baja de peso repentina, dos meses seguidos sin ganar un gramo de peso o si, además de estar inapetente, se queja o no tiene energía suficiente para las actividades diarias. En cualquiera de estos casos hay que consultar con el pediatra. Él le indicará el tipo de ajustes que tiene que hacer en la dieta del bebé.

Muchos padres preguntan si es apropiado dar a los bebés productos bajos en grasa o bajos en calorías. En principio no es contraproducente porque la leche que consume le aporta las cantidades que necesitan para crecer pero, más adelante, empezará a obtener nutrientes de otros alimentos y necesitará seguir consumiendo grasas y calorías. De modo que se desaconseja el consumo de desnatados o de alimentos hipocalóricos.

Reacciones frente a los primeros cambios alimenticios

Al iniciar el consumo de alimentos sólidos se producen cierto tipo de reacciones que indican si el bebé rechaza o acepta los nuevos alimentos.

Es preciso aclarar que lo más normal es que se presenten cambios en el color y aspecto de las heces. Por lo general se hacen más oscuras. Son de color amarillo quemado y tienen una textura más firme que las heces características de la leche materna. El olor se hace más intenso.

También es normal que disminuya el número de deposiciones ya que le cuesta un poco más de trabajo digerir los alimentos. Esto no significa que el bebé esté estreñido. El estreñimiento es una enfermedad que se caracteriza por una disminución significativa del número de deposiciones: menos de tres a la semana; por el esfuerzo que hace el bebé a la hora de defecar y porque las heces son demasiado duras, por lo general pequeñas bolitas de color oscuro. Si el niño presenta estos síntomas debe consultar al pediatra.

Es necesario estar atentos a las características de las heces para detectar el tipo de alimentos que todavía no debe ser incorporado. Las deposiciones demasiado oscuras, o demasiado blancas son indicativas de problemas con los nuevos alimentos.

En casos extremos, al bebé le da diarrea porque rechaza completamente un alimento. La diarrea se caracteriza por un aumento drástico en las deposiciones, porque las heces son muy líquidas y tienen un círculo acuoso alrededor. En este caso consulte al pediatra rápidamente porque el riesgo de deshidratación es muy alto; mientras tanto debe insistir en darle la leche que acostumbra beber.

También son indicios de mala aceptación de un alimento reacciones como los jadeos repentinos, las erupciones cutáneas, o que le salga agua de la nariz a pesar de que el bebé no tenga catarro. Si su niño presenta cualquiera de estos síntomas, espere una semana antes de darle a probar el mismo alimento. Si observa el mismo resultado, llame al doctor. Cuanto antes se determinen las intolerancias y las posibles causas de una alergia, mejor.

CONSEJOS PRÁCTICOS

✓ Dele a probar un alimento por vez, vigile sus reacciones y espere por lo menos 3 días ante de darle a probar otros sabores.

✓ Aunque el bebé acepte bien un alimento y se muestre entusiasmado no le de mucha cantidad. Primero ha de comprobar que el organismo lo acepta sin problemas.

TEMA DESTACADO

UN ENTORNO SEGURO (SEGURIDAD EN CASA, EN EL COCHE, EN LA CALLE)

Los accidentes con los bebés suceden siempre en el momento más inesperado. Los objetos que nos parecen más inofensivos pueden convertirse en un peligro potencial. Una forma eficaz de evitar accidentes es ponerse en el lugar del niño para mirar el mundo desde su punto de vista, de este modo es más fácil detectar los riesgos, eliminarlos y garantizar que se encuentra en un entorno seguro.

Ciertas normas de seguridad varían con la edad, puede que una mascota, un perro, por ejemplo, sea totalmente inofensivo para un bebé que pasa la mayor parte del tiempo en la cuna, pero no es así para un niño que se lleva a la boca lo que encuentra en el suelo o para un niño que gatea y se mueve por la casa a su gusto.

Veamos unas mínimas normas de seguridad para los bebés que están aprendiendo a desplazarse por su cuenta.

MEDIDAS DE SEGURIDAD

De los 4 a los 8 meses

En casa
✓ Guardar en un lugar seguro los productos de limpieza y las sustancias tóxicas. Recuerde que la pintura que contiene plomo es tóxica. Si alguno de sus muebles o de las superficies de la casa está pintado con este tipo de material es mejor cubrirla o volverla a pintar. Las pilas también pueden ser muy peligrosas si el niño llega a morderlas. Contienen sustancias altamente venenosas.

✓ Los medicamentos deben estar en un lugar seguro sin importar su composición. Jarabes, pastillas, comprimidos, etcétera, pueden ser peligrosos para el niño. Hay que vigilar que siempre estén fuera de su alcance, en especial cuando hay una persona enferma en casa o cuando se toma algún medicamento de forma frecuente.

✓ Cuidado con los juguetes y objetos muy pequeños (monedas, botones, etc.) que el niño pueda tragar.

✓ Para que el bebé no corra el riesgo de accidentarse en las escaleras estas deben cerrarse con una barandilla que le impida el paso.

✓ Manténgalo alejado de fuentes de calor tales como chimeneas, estufas y cocinas. En invierno es preciso poner un protector seguro alrededor de la chimenea.

✓ No deben dejarse ni cerillas ni encendedores cerca del niño.

✓ Es mejor guardar, por un tiempo, los adornos pesados que el niño pueda llegar a tirarse encima: cerámicas, esculturas, maceteras, etc.

✓ Poner protectores de plástico en las esquinas de los muebles y de las paredes.

✓ En la medida de lo posible asegurarse de que las cortinas y los cordones que las aseguran estén fuera del alcance de los niños.

✓ Guardar temporalmente los objetos punzantes y quebradizos, cerámicas, decoraciones, ceniceros, etc., o dejarlos totalmente fuera de su alcance.

✓ Evitar que el niño pueda jugar o manipular los cordones eléctricos de lámparas u otros electrodomésticos.

✓ Los enchufes eléctricos deben estar cubiertos con protectores de plástico, principalmente los que se encuentren cerca del suelo.

En el cuarto de baño

✓ Guardar muy bien las maquinillas, las tijeras, los instrumentos de la manicura y los adornos metálicos para el cabello. Las joyas: cadenas, anillos y aretes también hay que dejarlos en un lugar seguro.

✓ En la bañera poner siempre primero el agua fría. Si abre primero el grifo de agua caliente, el bebé se puede quemar.

✓ Los aparatos eléctricos que se usan en el cuarto de baño pueden ser muy peligrosos para el bebé: rizadores de pelo, secadores, etc., deben estar en sitio seguro y desenchufados. No deben usarse cuando el niño esté presente: en cualquier momento los puede hacer entrar en contacto con el agua y sufrir una descarga.

✓ Ponga a la tapa del excusado un cierre antiniños, para evitar que jueguen allí o que resbalen y caigan dentro poniendo en peligro su vida.

De los 8 a los 12 meses

En el último cuatrimestre es preciso mantener las medidas generales de seguridad y tener en cuenta los factores de riesgo asociados con la autonomía del bebé.

En casa

✓ Revisar los armarios, escritorios y, en general, los muebles con cajones que estén al alcance del niño. Retirar objetos demasiado pequeños, que tengan punta o que sean quebradizos. Puede optarse por cerrar las cajoneras con llave o utilizar bandas de goma para que el bebé no pueda abrirlas.

✓ Ponga cierres de seguridad en las ventanas para evitar que el niño las abra.

✓ Mantenga aseguradas las puertas de los electrodomésticos pesados como la lavadora, el lavavajillas, la secadora, etc.

✓ Prevenga caídas y golpes poniendo bases antideslizantes en las alfombras y evitar la utilización de tapetes muy pequeños.

✓ Para evitar accidentes en la cocina es conveniente no dejar las asas de las sartenes hacia fuera, de este modo se evita que el niño se eche encima el contenido de las mismas.

✓ Dejar en un lugar seguro alimentos con los que el niño pueda atragantarse, dulces, granos, frutos secos, por ejemplo.

✓ Cuando se lo lleve a la mesa o a la silla para comer hay que dejar alejadas las fuentes que contengan alimentos muy calientes.

✓ En esta etapa resulta muy útil utilizar ganchos para fijar el mantel. Es muy frecuente que el niño tire de él y eche por tierra lo que esté sobre la mesa.

✓ Los electrodomésticos deben estar en un lugar seguro. Los que estén conectados permanentemente deben colocarse al fondo de las estanterías, de modo que el niño no pueda llegar a ellos.

Fuera de casa

✓ Mantener bajo llave los productos químicos y las herramientas usadas en el jardín o en el garaje.

✓ Si hay una piscina de obra ha de vigilarse que no lleguen a ella solos. Ponga vallas que impidan la libre circulación desde la casa a la piscina. No deje solos a los niños mientras estén en la piscina.

✓ Si en el jardín se dejan bicicletas, patines, triciclos, etc., vigile que estén bien sujetos y que no tengan tornillos sueltos.

✓ Revise que en el jardín no haya plantas venenosas como ponsetia, hortensia, lirios, ruibarbo, adelfas, bulbos de narciso, laburno, retama, caña agria, acónito, aro y las bayas de belladona, acebo brionia, madreselva, tejo, laurel y lupinos, entre otras.

✓ En la sección infantil de los parques públicos, sobre todo en los areneros, hay que vigilar muy bien que no haya desperdicios que impliquen peligro, como: latas, fragmentos de vidrio, colillas o excrementos.

✓ Vigile que los juegos públicos (columpios, rodaderos, balancines, laberintos) cumplan con las normas de seguridad, sobre todo en lo concerniente a la calidad de los materiales; al mantenimiento de los aparatos y a las medidas ergonómicas que se indican para este tipo de construcción.

Seguridad en el coche

✓ Use siempre una sillita adecuada para la edad y el peso de su bebé.

✓ No llevarlo nunca en la parte delantera del coche.

✓ Antes de cerrar las puertas y el maletero asegurarse de que el niño haya retirado las manitas.

✓ Al estacionar el coche y darle marcha atrás, cerciorarse de que no haya niños.

Juguetes

✓ Evite los juguetes que necesitan pilas de botón: son muy pequeñas y el niño se las puede tragar.

✓ No compre juguetes con accesorios diminutos, como lacitos, lentejuelas, botones, etc.

✓ Cuando el niño esté en contacto con globos hay que tirar inmediatamente los que se revienten o se desinflen.

✓ Los juegos de construcción: figuras de madera o de plástico no deben tener bordes ni aristas. Los acabados han de ser perfectos y lisos.

✓ No es aconsejable tener juguetes con un cordón que sobrepase los 15 cm de largo: hay riesgo de estrangulación.

EL BEBÉ DE CINCO MESES

El bebé, a los cinco meses, está en una etapa de constante exploración. Ha descubierto la posibilidad de hacer ciertos movimientos de forma autónoma y lo disfruta plenamente. Es capaz de comunicar sus emociones y de interrelacionarse con el medio. Empieza a salir del ámbito de la madre y descubre con emoción la figura del padre.

DESARROLLO MOTRIZ

✓ Si está acostado boca abajo se apoya con fuerza en los antebrazos y es capaz de levantar gran parte de su torso, sin dejar de sostener la cabeza en la línea media del cuerpo.

✓ Agita los brazos y las piernas con mucha frecuencia: se ejercita para gatear.

✓ Cuando está boca abajo intenta girarse. Si está boca arriba seguramente podrá voltear hacia un lado u otro con un poco de esfuerzo.

✓ Cuando se le toma de los brazos para incorporarlo hace fuerza y se ayuda echando la cabeza hacia delante.

✓ Sentado mantiene la espalda más recta. Al final del quinto mes podrá quedarse en esta posición cerca de 20 minutos controlando el peso y la postura de la cabeza.

✓ Al ponerlo en posición vertical, sobre una superficie lisa, sostiene parte del peso de su cuerpo con los pies. Los mantiene separados y con las rodillas flexionadas.

✓ Estira las manos para alcanzar los objetos. Mejora su poder de concentración y su voluntad. Si quiere llegar hasta un juguete que pende a poca distancia –un móvil, por ejemplo–, extenderá las manos, una y otra vez, hasta que logre tirar de él con fuerza.

CARACTERÍSTICAS FÍSICAS

PESO
Al iniciar el quinto mes el peso de un bebé puede ir de 5400 a 6600 g. Un varón pesará cerca de 6400 g y una niña, aproximadamente, 6200 g.

Aumentarán en este mes un promedio de 175 g a la semana.

TALLA
La talla de un bebé de cinco meses oscila entre los 55 y los 67 cm. La talla promedio de los varones es de aproximadamente 63-64 cm, y la de las niñas de 61- 62 cm.

A partir de ahora y casi hasta los dos años crecerá, aproximadamente, 1 cm al mes.

ASPECTOS FUNCIONALES

VISTA

La información que va de la mano a los ojos y al cerebro es más rápida, coordinada y exacta. Puede hacerse una idea más clara del aspecto total de los objetos que ve parcialmente.

Ha aumentado su campo visual y ve con mayor nitidez. Percibe mejor los contornos de los objetos y se entretiene observando lo que está cerca.

Le siguen llamando la atención los colores fuertes y brillantes pero ya distingue muchas más gamas y matices.

Para estimular su capacidad visual ofrézcale juguetes coloridos de gomaespuma: los materiales flexibles le permiten apreciar cómo cambian las cosas cuando él las toca. Deje a su disposición juguetes pequeños que él pueda mover con facilidad de modo que los vea desde distintos puntos de vista.

TACTO

Coge los objetos de forma voluntaria, por lo general los sujeta con las dos manos, y se los lleva a la boca. Tiene que probar todos los objetos porque de ese modo descubre sus características esenciales.

En este periodo continúa conociendo su cuerpo. Es posible que al final de este mes intente chuparse los dedos de los pies. Ocasionalmente conviene dejarlo desnudo para que pueda moverse con total libertad. Si va cubierto durante todo el día deja de ejercitarse tanto como debiera. La ropa limita sus movimientos y le impide descubrir su cuerpo.

OÍDO

Localiza los sonidos con mucha facilidad y gira hacia ellos sin vacilación. Reconoce su nombre y se muestra atento cuando lo llaman. Se sobresalta con los ruidos demasiado fuertes.

Ha aumentado su capacidad de concentración. Le gusta escuchar música suave, nanas y canciones infantiles.

Todavía no puede disociar los sentidos. Si está comiendo y alguien lo llama o si de repente oye un ruido desconocido, él deja de comer para buscar con la vista la fuente del sonido.

OLFATO Y GUSTO

Cada día que pasa el bebé tiene más poder para reconocer los olores de su entorno. Él sabe que ha llegado a casa aunque esté dormido. Allí se siente a gusto.

La introducción de los alimentos sólidos continúa siendo una excelente oportunidad de estimular todos los sentidos, en especial, el olfato y el gusto. Por ejemplo, si le va a dar un puré de pera muéstrele antes la fruta, deje que la toque, que la huela, que se la lleve a la boca. Así él se va familiarizando con los nuevos alimentos al tiempo que enriquece su memoria olfativa y gustativa.

CAPACIDADES LINGÜÍSTICAS

Varía poco con respecto al mes anterior, solo que ahora se muestra muy interesado en la forma como hablan las personas que le rodean. Sin lugar a dudas, la voz humana es el sonido que más le interesa ya que lo asocia con la satisfacción de sus necesidades afectivas. Resulta muy divertido hacer sonidos simples y repetirlos hasta que él intente reproducirlos. Al principio no se parecerán demasiado pero cada vez estarán más afinados. Lo que importa es que está haciendo un ejercicio fundamental para la correcta adquisición del lenguaje.

Es una época en la que experimenta con los distintos sonidos que puede emitir. Le gustan las «variaciones sobre un mismo tema», cambiando la intensidad, el tono o el volumen.

CONSEJOS PARA POTENCIAR LA MEMORIA Y EL LENGUAJE

✓ El niño necesita que conversen con él. Le gusta tener cerca el rostro de sus padres para ver la forma como gesticulan y como vocalizan. Le ayuda mucho que al hablar, usted, se toque los labios y que, después, le acerque sus manitas hacia la boca, de modo que pueda relacionarla con los sonidos que emite.

✓ Háblele claro y mirándolo a los ojos. No es conveniente usar frases demasiado largas ni palabras complejas. Pronuncie bien las palabras y trate de evitar las onomatopeyas y los diminutivos.

✓ Es muy importante que, desde pequeño, escuche un buen acervo de palabras ya que ellas son, al fin y al cabo, los ladrillos con los que se construye el pensamiento. Si desde el principio se llama a cada cosa por su nombre y se evitan la generalizaciones, él será poseedor de un lenguaje más preciso que le facilitará, más adelante, la tarea de conceptualizar.

✓ También vale la pena empezar a mostrarle libros de imágenes sencillas que le permitan reconocer la relación entre las palabras y las cosas. Enséñele, por ejemplo, la fotografía de un árbol y repita la palabra. Él, poco a poco, irá relacionando las dos cosas y también irá ejercitando su memoria visual y auditiva.

ASPECTOS SOCIALES

Los bebés de cinco meses son muy sociables y simpáticos. No tienen mayores reparos con los desconocidos; simplemente los observan y, si se sienten a gusto en su compañía, sonríen y prestan atención. Como permanecen activos durante más tiempo requieren de atención constante aunque no siempre exclusiva. En ocasiones les basta con estar cerca de los adultos para verlos, oír sus conversaciones y para hacerse notar.

El niño se siente muy feliz cuando juega con la madre y cada día se acerca un poco más al padre tratando de integrarlo a sus juegos. A ellos puede mostrarles sus avances y sus logros; para ellos son las mejores sonrisas y los gestos más tiernos. Cuando logra hacer algo que le cuesta trabajo –alcanzar la cuerda del sonajero, darse la vuelta para agarrar un juguete–, se pone muy contento y expresa su emoción con gritos, balbuceos y risas. Si los padres festejan esas pequeñas conquistas la comunicación se hará más fluida. Él necesita sentir que está haciendo bien las cosas y que comparten la felicidad de sus descubrimientos. Es una temporada en la que está abierto a las nuevas impresiones: con mucha facilidad capta y asume los sentimientos que sus padres le transmiten.

Los bebés de esta edad también se enojan con facilidad. Si algo les molesta, si están incómodos o con sueño, lo hacen notar. Manifiestan su irritación con gritos, negativas y pucheros.

De otra parte, el bebé continúa en el proceso de elaborar su propia imagen mental. Se mira con asombro en el espejo pero todavía no se reconoce. Le hace gracia ver ese otro niño pero todavía no intenta acercarse a él. Le gusta que sus padres lo sostengan frente al espejo, que le hablen y le expliquen cosas.

NECESIDADES AFECTIVAS

Un gran cambio tiene lugar ahora en las necesidades afectivas del niño. Durante los cuatro primeros meses su vida emocional giraba casi con exclusividad en torno a la madre. A partir del quinto mes, cuando el niño ya es un poco más autónomo, descubre los matices y los beneficios del amor paterno. Necesita comprender esa otra forma de estar en el mundo.

El niño se siente querido por los dos padres pero ahora ha empezado a comprender las diferencias entre uno y otro. El reconocimiento de los roles sexuales es fundamental para su desarrollo emocional.

Ahora que reconoce al padre y lo busca para jugar, le gusta forcejear un poco con él y que le haga cosquillas. Empieza a disfrutar de las actividades más enérgicas. Sobra decir que sigue necesitando del cariño que le brinda la madre, de sus caricias, de sus mimos y de sus masajes. El niño va ganando seguridad y confianza gracias a las distintas manifestaciones de afecto que le prodigan los miembros de la familia.

NECESIDADES ALIMENTICIAS

A los cinco meses el bebé hace 4 o 5 tomas de leche de 150 a 180 ml cada una. Si acepta bien los sólidos y come una buena cantidad de ellos puede que disminuya un poco su demanda de leche hasta el punto de reemplazar una de las tomas por una merienda, por lo general, la de media tarde.

NECESIDAD DE DESCANSO

A lo largo del día es muy probable que haga 3 o 4 siestas de una hora, aproximadamente, sin embargo, los patrones de descanso suelen ser muy variables. Lo importante es que el niño duerma, en total, entre 14 y 15 horas.

NECESIDADES FISIOLÓGICAS

La emisión de orina continúa siendo completamente involuntaria y la cantidad no varía demasiado con respecto al mes anterior. Lo que sí cambia es la calidad de la misma ya que se hace mucho más ácida debido a los cambios que se derivan del proceso de dentición. Para evitar molestias en la zona del pañal hay que cambiarlo con frecuencia. La piel se irrita con facilidad si pasa demasiado tiempo en contacto con la orina y las heces.

Debido a los cambios de alimentación, el número de deposiciones tiende a disminuir. Pueden pasar hasta dos días sin que el bebé defeque. Si pasado ese lapso el niño está irritable, con fiebre y con síntomas de dolor es preciso consultar al pediatra.

CUIDADOS

EN LA SELECCIÓN DE LOS ALIMENTOS

Ahora que el niño ya ha empezado a aceptar un mayor número de alimentos hay que tener claros ciertos criterios de selección y ajustar nuestras exigencias a los productos que ofrece el mercado. Es preciso tomar conciencia de la responsabilidad que tenemos al comprar y consumir.

No todo lo que está en el mercado es inocuo para la salud. No todo lo que promociona la publicidad es de buena calidad. Cada vez son más frecuentes las noticias que confirman esta aseveración. Hasta hace muy poco tiempo, por citar un ejemplo, una gran parte de la población europea se enteró, no sin asombro, que las vacas que consumía eran alimentadas con piensos cárnicos. Esta información se difundió cuando el mal de las «vacas locas» era ya un problema mayor que ocupaba la primera página de los periódicos. Se descubrió que al alimentar de ese modo a un herbívoro se causaba graves daños al sistema nervioso del animal y que lo peor era que la enfermedad podía transmitirse al hombre. De un momento a otro toda la carne era sospechosa. La alarma cundió por toda Europa dejando en el aire una serie de preguntas: ¿Qué está pasando con la industria alimentaria? ¿Qué garantías nos ofrece? ¿El tratamiento de los productos es siempre ético? ¿Tenemos suficiente información sobre lo que compramos?

Cuando aquí hablamos de los padres como consumidores responsables nos referimos a que tienen el deber de informarse sobre lo que ponen en el carrito de la compra. Revisar las etiquetas, el tipo de ingredientes. Investigar acerca del tratamiento y origen de los alimentos puede evitar problemas serios de salud a mediano y largo plazo.

ALIMENTOS FRESCOS Y SANOS

Cuando vamos al mercado la mayoría de productos frescos: frutas, verduras, hortalizas y carnes, tienen muy buen aspecto. De eso depende, en gran medida, que los compremos o que los dejemos pasar. Sin embargo, a la hora de seleccionar no todo debería obedecer a lo que entra por los ojos. A simple vista no podemos saber si los alimentos contienen sustancias tóxicas como pesticidas o herbicidas o si las carnes tienen restos de los antibióticos que se les da con frecuencia a los animales para evitar que enfermen.

El consumidor actual tiene la obligación de estar informado y exigir que los alimentos pasen los más estrictos controles de calidad. No se trata de estar en constante estado de alarma si no más bien de asegurarnos que lo que comemos no nos enfermará. La industria alimentaria se verá obligada a garantizar sus productos solo si los consumidores así lo exigen.

Una de las alternativas que está teniendo más auge en la actualidad es el consumo de alimentos de cultivo regional. Si la distancia entre el agricultor o el ganadero, y el consumidor es menor, resulta más fácil verificar el tipo de producto que ofrecen y saber si cumplen con las exigencias del caso.

Nota
En caso de desconocer la procedencia o el tratamiento de los vegetales o de las frutas, escoja las que tienen piel o una barrera natural contra las sustancias tóxicas: plátanos, naranjas, maíz, coliflor.

Importancia del etiquetado de los alimentos manipulados genéticamente

Los alimentos transgénicos, aquellos que han sido manipulados genéticamente para que sean más resistentes, son un blanco frecuente de las críticas de quienes abogan por el derecho de los consumidores a ser informados. En muchos países, incluido España, aún no se exige que una etiqueta diga claramente que el alimento ha sido manipulado, así que es bastante probable que los compremos sin saberlo.

Este tipo de tecnología aplicada a los alimentos aún está en una fase de experimentación y se desconocen a ciencia cierta los efectos secundarios sobre la salud humana. Esto no quiere decir que sean malos de por sí, solo que tenemos el derecho de saber qué alimentos son manipulados genéticamente para tener mayores criterios de selección, sobre todo cuando la salud de los niños depende de ello. Al parecer hay una relación estrecha entre el consumo de transgénicos y el riesgo de padecer alergias.

INCIDENTES Y PREOCUPACIONES MÁS FRECUENTES

AL CONCILIAR EL SUEÑO

Si el bebé todavía no reconoce los periodos de sueño nocturno y nunca se duerme solo es, quizá, porque no hay una rutina establecida que él pueda asociar con el descanso. Recuerde que para el bebé es muy importante que se respeten los horarios y se repitan cada día las mismas acciones.

Una rutina que suele funcionar en estos casos es, primero, relajarlo: pruebe a darle un baño o un masaje, y, después, llevarlo a la cuna, mientras le habla en voz muy baja y le acaricia la frente. No olvide dejarle en la cuna uno de sus muñecos preferidos para que se sienta acompañado.

Además, es importante que el niño aprenda a diferenciar el día y la noche siguiendo los ritmos de actividad de la familia. Evite que a la hora de dormir haya demasiada luz o demasiado ruido. Por la noche su habitación debe permanecer en penumbra.

EL BEBÉ ESTÁ POCO SOCIABLE

Cuando el niño descubre que él y mamá son dos seres distintos experimenta toda una gama de emociones, en ocasiones, contradictorias. Teme perderla pero al mismo tiempo le encanta dar rienda suelta a su curiosidad y a sus deseos de moverse por el mundo. Está descubriendo su autonomía pero todavía no se siente seguro. Es muy probable que en este tránsito tan delicado se muestre receloso con los extraños. Todo lo que pueda alterar la normalidad de su vida le causa excitación y más si la madre deja de prestarle toda la atención que él requiere. A esta edad no es tan difícil acostumbrarlo a la presencia de otras personas. Basta con no forzarlo y esperar a que sea él quien inicie los acercamientos. Si el extraño lo abruma e insiste demasiado él se mostrará aún más reacio. Explíquele a la gente que se le acerca con la intención de cargarlo o de jugar con él, que no está muy sociable y que lo mejor es darle tiempo para entrar en confianza. Afortunadamente todavía no ha llegado la etapa de extrañamiento, alrededor de los 7 u 8 meses, cuando lloran y gritan siempre que alguien se les acerca.

LAS ALERGIAS

Algunos niños son especialmente sensibles a ciertos alimentos o sustancias que se encuentran en el ambiente. Cuando el niño entra en contacto con ellas su sistema inmunitario reacciona produciendo histaminas: anticuerpos encargados de destruir ese elemento que el cuerpo considera extraño y peligroso. Es, de alguna manera, una reacción excesiva del sistema inmunitario que suele presentarse con mayor frecuencia en los niños que han sido alimentados con leches maternizadas. Se ha comprobado que los niños alimentados con leche materna tienen menos riesgos de padecer alergias.

Hay alergias de distintos tipos pero las más comunes están relacionadas con el consumo de alimentos; con la aspiración por vía respiratoria de partículas que se encuentran en el ambiente, por ejemplo, el polvo, el polen, o el pelo de las mascotas; y por el contacto con cierto tipo de materiales. Muchos bebés tienen alergia a los tejidos sintéticos, a los detergentes o a los metales. También es frecuente la alergia a la picadura de insectos como las avispas y las abejas.

La reacción física depende del tipo de alergeno que afecte el organismo. Puede ir desde una simple irritación en los ojos, o un exceso de mucosidad; pasando por dificultad al respirar, tos, sarpullidos, manchas y llegando a reacciones aún más fuertes como vómito, diarrea o cólicos. En cualquiera de estos casos hay que consultar al pediatra para que tome las medidas del caso. Él seguramente preguntará en qué circunstancias apareció la reacción alérgica.

No es fácil determinar cuál es la sustancia específica que desencadena una alergia, y mucho menos cuando hablamos de un bebé, a menos que haya antecedentes familiares que puedan servir de referencia. Así que durante el primer año de vida se debe evitar que el niño entre en contacto con posibles alergenos.

¿Cómo evitarlas?

✓ Una medida elemental es mantener el ambiente limpio de sustancias irritantes como el tabaco.

✓ Evitar el contacto con animales o limpiar muy bien la casa del pelo que desprenden las mascotas.

✓ No tener en el interior de la casa plantas que liberen polen y evitar las salidas a la calle cuando la cantidad de polen en el aire sea demasiado alta.

✓ Limpiar el polvo continuamente y verificar que las moquetas, los cojines, las almohadas y la ropa de casa estén siempre limpias.

✓ Ventilar la casa de forma natural. Muchas alergias están relacionadas con el uso del aire acondicionado.

Recuerde que la mayoría de alergias se tratan sencillamente suprimiendo el alergeno.

✓ Si el niño tiene una reacción inmediata a la picadura de un insecto: fiebre o hinchazón, es necesario llevarlo al doctor para que le apliquen un antídoto.

TEMA DESTACADO

CAMBIOS EN LA ALIMENTACIÓN

A partir del cuarto mes, el organismo del bebé ya está preparado para recibir otros alimentos distintos a la leche. La tarea de diversificar sus alimentos no siempre es sencilla. Son muchas las ocasiones en las que el bebé los rechaza, sin embargo es muy importante insistir porque es preciso que incorpore a su dieta los nutrientes que necesita para desarrollarse plenamente y que aprenda a distinguir nuevos sabores.

EMPIEZA EL DESTETE

Al introducir los primeros sólidos en la alimentación del niño se inicia el proceso del destete. En los dos primeros meses con sólidos la cantidad de nutrientes que obtiene de ellos es mínima pero, poco a poco, se irá haciendo evidente que no necesita tanta leche. Por lo general, hacen cuatro o cinco tomas, hasta los 6 meses. A partir de allí es muy común que regularicen el patrón alimentario a 3 tomas al día y dos meriendas, de modo que los alimentos sólidos proporcionen las calorías que antes obtenía con la cuarta toma.

Lo ideal es empezar a introducir alimentos sólidos entre los 4 y 6 meses. Durante ese primer periodo actuarán solo como un plus de la leche. Pasado algún tiempo, cuando el bebé ya tiene el hábito de comer sólidos tres veces al día, estos reemplazarán la leche casi por completo.

¿SE PUEDE EMPEZAR CON LOS SÓLIDOS ANTES DE LOS 4 MESES?

Algunas madres empiezan a darlos a partir de los 3 meses pero no es muy recomendable. El sistema digestivo del bebé aún no está lo suficientemente maduro para procesar ciertas sustancias y puede que tenga más propensión a sufrir de alergias. Se ha comprobado, por ejemplo, que la alergia al gluten está relacionada con la introducción prematura del trigo en la dieta. Para mayor información ver la lista de alimentos que se deben evitar.

Tampoco es aconsejable que pasados los seis meses aún no haya probado nuevos alimentos, ya que es muy probable que le falten vitaminas y sustancias básicas para su normal desarrollo como el hierro y el zinc. Además, si no ha experimentado con los sólidos sus encías dejarán de estar estimuladas. Se retrasará la aparición de los dientes y es posible que tenga problemas de dicción. El ejercicio que implica la masticación le ayuda a desarrollar ciertos aspectos del habla.

CINCO CONSEJOS PRÁCTICOS PARA INICIAR LA ALIMENTACIÓN CON CUCHARA

1. *Cuanto antes introduzca la cuchara en el mundo del niño, mejor*
   Antes de intentar darle a probar alimentos sólidos se recomienda dejar que el niño juegue con una cucharita de plástico, que la vea y la manipule para que se familiarice con ella. Cada vez que vaya a darle de comer deje que él tenga su propia cuchara en la mano.
2. *Tómese el tiempo que haga falta*
   No hay prisa. El niño no va a tener problemas de peso si no come lo que usted le prepara. Le sobra y le basta con la leche materna o con las dosis habituales de leche preparada. Si el niño nota que la madre está preocupada y ansiosa porque no come, asociará esas sensaciones negativas con la comida y le costará más trabajo aceptarla.
3. *Prepárese para las manchas*
   Es inevitable que el niño se tire la comida encima, que la

escupa o que la manotee. Lo único que puede hacerse es estar preparado para que manche: usar baberos con forros plásticos, ponerle una camiseta vieja a la hora de comer y poner la trona sobre papel de periódico o plástico. La idea es facilitar, al máximo, la limpieza.

4. *Encuentre el momento ideal*

Probar un alimento es una experiencia nueva para el niño. En ciertos momentos del día está especialmente dispuesto a probar lo que la madre le ofrezca y en otros momentos sólo quiere lo que ya conoce. Todavía no hay que preocuparse por fijar los horarios de comida, lo que importa ahora es que se vaya acostumbrando a los nuevos sabores. Algunos niños la reciben mejor en la mañana y otros antes de ir a la cama. Hay que ir probando.

5. *Nunca fuerce al niño*

Si el niño rechaza el alimento no intente forzarlo, no conseguirá ningún avance significativo obligándolo a hacer algo que no quiere. En ocasiones rechazan la comida porque les ofrecen la cuchara cuando, en realidad, ellos quieren tomar leche para saciar el hambre. No es aconsejable ofrecerle sólidos con el estómago vacío porque lo más seguro es que al niño le de un ataque de llanto. Pruebe a darle el alimento haciendo una corta interrupción en una de sus tomas habituales.

¿Qué se necesita?

✓ Pequeños recipientes plásticos para la papilla o el puré, vasitos con pico para el agua y cucharitas recubiertas de plástico.

✓ Baberos: al principio los mejores son los de forro plástico. Hay una gran variedad de baberos indicados para las necesidades específicas de cada edad.

✓ Una trona estable y segura. Puede que al principio sea

cómodo darle de comer mientras se lo sostiene sentado en el regazo pero pasado algún tiempo resulta muy cansado. En la trona el bebé está seguro y usted tiene mayor libertad de movimiento.

✓ Una batidora o el molinillo para preparar las comidas del bebé. Al principio el bebé solo es capaz de recibir los alimentos si están completamente triturados, sin grumos y más bien líquidos.

ALIMENTOS RECOMENDADOS SEGÚN LA EDAD

Para los primeros días del destete:

✓ Cereales: papillas de arroz o maíz mezcladas con agua hervida, leche materna o leche de fórmula (no produce alergias).

✓ Frutas: plátano (crudo, en puré o en zumo) y manzana o pera (cocidas y en puré).

✓ Verduras: zanahoria, calabacín, coliflor, brócoli (cocidos y en puré).

4 meses: Papillas de cereales sin gluten, frutas y verduras, sin sal y sin grumos. Prepare cantidades muy pequeñas ya que en esta temporada el bebé solo probará los nuevos alimentos.

5 meses: Un buen número de bebés de esta edad ya toman dos comidas diarias aunque todavía las porciones siguen siendo pequeñas.

Lo mejor es dar el cereal por la mañana y el puré de frutas o verduras a mediodía o a la noche.

El niño ya está en capacidad de consumir alimentos menos triturados, el puré se puede preparar con un tenedor o pasándolo por un colador.

6 meses: Es el momento de incluir sabores más complejos como el de la carne, el pollo o el pescado. Algunos pediatras recomiendan esperar a introducir los pescados blancos hasta los 9 meses (merluza, rape) y posteriormente darle a probar los pescados azules (salmón, atún y caballa). No es necesario condimentarlos con sal, ajo o especias. Basta con hervirlos o llevarlos al horno.

Ya puede comer alimentos que contienen gluten como pasta, galletas o la sémola.

Puede darle a probar productos lácteos (yogures). El niño no debe beber leche de vaca hasta pasado el año aunque sí se puede utilizar en la cocción de algunos alimentos.

MOMENTO IDEAL PARA INTRODUCIR CIERTOS ALIMENTOS

Fruta de semilla pequeña como la fresa: a los 5 meses
Yogures: entre los 6 y los 8 meses
Trigo: entre los 6 y los 8 meses
Huevos duros (solo la yema): a los 10 meses
Miel: al año

Los preparados que contengan frutos secos no se deben incorporar a la dieta hasta pasados los dos primeros años.

No se le deben ofrecer frutas enteras hasta los cinco años.

Si hay antecedentes familiares de alergias, asma o eccema evite por completo incorporar alimentos como huevos, pescado, trigo o leche de vaca hasta pasado el año.

¿Cómo empezar?

✓ Una vez que se tenga todo a mano deje que primero el bebé se acostumbre a la presencia del nuevo alimento, que lo vea, lo toque, lo huela, es posible que hasta lo pruebe por sí mismo. Pase después a ofrecerle la cuchara. El modo correcto de hacerlo es poner una pequeña cantidad en la punta de la cuchara y luego acercársela dejándola reposar sobre el labio inferior para que pueda chupar el contenido.

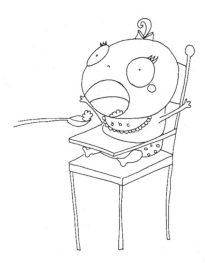

✓ Si el niño la escupe no pierda la paciencia. Recoja con la cuchara los restos de comida que quedan en la barbilla y vuelva a dársela. Si definitivamente no le gusta este sistema úntese la punta del dedo índice y déjelo que pruebe. Es una experiencia que a los bebés les resulta más agradable.

✓ Si el niño abre la boca esperando otro bocado puede estar segura de que ese alimento le ha gustado mucho.

✓ Recuerde que debe dejar pasar dos o tres días antes de darle a probar un nuevo alimento. Es preciso dejar este lapso de tiempo para ver cómo reacciona. Tome nota de los alimentos que le gustan y de los cambios que experimenta el niño: si hay problemas cutáneos, si tiene diarrea, malestar o si, por el contrario, los acepta sin ningún problema.

OTRAS RECOMENDACIONES

✓ Para evitar innecesarios desperdicios prepare pequeñas cantidades de comida durante las primeras semanas del destete.

✓ Pasado este periodo puede ganar tiempo si congela distintas porciones de comida en recipientes pequeños, las cubiteras de hielo pueden ser de gran ayuda. Antes de poner el alimento lávelas y séquelas cuidadosamente.

✓ Tenga presente que no pueden conservarse alimentos que contengan cereal mezclado con leche o agua, ni los restos de la comida que el bebé ya probó. Se pueden congelar alimentos en lata si no han estado en contacto con ningún utensilio ni han sido trasvasados.

✓ Cuando el bebé ya consume algunos alimentos sólidos es posible que necesite beber agua, sobre todo en tiempo de calor. Cuanto antes se acostumbre a tomar agua, mejor. Es un excelente hábito alimenticio. Si la rechaza pruebe a diluir los zumos de frutas en agua hervida. Si se quiere facilitar el destete, lo ideal es acostumbrarlo a usar el vaso con pitorro.

ALERGIAS ALIMENTARIAS

Al iniciar con los alimentos sólidos es bastante frecuente que se produzcan reacciones alérgicas. Esto se debe a que el aparato digestivo del bebé aún no está lo suficientemente maduro para metabolizar ciertos alimentos, es decir, que no puede transformar las proteínas en los compuestos que el cuerpo asimila para obtener energía. De modo que el organismo tiene que asimilarlas directamente provocando una reacción.

Al bebé le son difíciles de digerir ciertos compuestos como el almidón o las proteínas no lácteas. A medida que va creciendo el bebé, la posibilidad de padecer alergias disminuye, su cuerpo ya está adaptado y procesa mejor los alimentos.

Es preciso consultar al pediatra si el niño presenta cualquiera de los siguientes síntomas: erupciones cutáneas, inflamación de los labios, exceso de mucosidad en las vías respiratorias, tos, dolor abdominal, cólico o diarrea.

Algunos alimentos alergénicos

Independientemente de la edad, casi el 80% de las reacciones alérgicas están relacionadas con el consumo de:

Huevos

Productos lácteos

Frutos secos, en especial las nueces

Chocolate

Pescados y mariscos

Setas

Productos químicos como conservantes, endulzantes y colorantes

Frutas de semilla pequeña como la fresa y algunas hortalizas

La alergia al gluten

Es quizá una de las alergias más frecuentes en los niños menores de un año. El gluten es una proteína que está presente en cereales como el trigo, la cebada, la avena y el centeno. Si se introduce esta sustancia antes de los 6 meses es bastante probable que el organismo desarrolle una sensibilidad permanente.

La edad indicada para darle alimentos que contengan trigo, el cereal con mayor cantidad de proteína gluteica, es a los 7 meses. Hasta ese momento evite darle galletas u otros productos de panadería a menos que esté especificado que no contienen gluten.

La intolerancia crónica al gluten es conocida como «enfermedad celíaca». Cuando el organismo del bebé es incapaz de digerir esa proteína –proceso que tiene lugar en el intestino–

el sistema inmunológico reacciona y ataca, causando lesiones en las paredes intestinales. Si la enfermedad no se diagnostica a tiempo se puede producir una atrofia del intestino delgado y como consecuencia se presentará una mala absorción del resto de nutrientes «buenos» para su salud:

Algunos de los síntomas asociados con la enfermedad celíaca son: pérdida del apetito, dificultad para ganar peso, diarrea crónica, dolor abdominal y pérdida de energía.

Una vez diagnosticada la enfermedad, el niño no puede consumir ningún producto que contenga trigo.

EL BEBÉ DE SEIS MESES

Es muy inquieto. Se desplaza por todas partes con mucha facilidad. Quiere ver, tocar y probar todo lo que llegue a sus manos. Ahora tiene mucho más carácter que antes. Empieza a querer hacerlo todo por su cuenta. Manifiesta sus necesidades y gustos de forma elocuente. Balbucea, grita y experimenta con los sonidos.

DESARROLLO MOTRIZ

✓ Casi no necesita apoyo para mantenerse sentado con la espalda recta. Es posible que necesite de poco de ayuda para lograr estabilidad. Si le separan un poco las piernas para que pueda lanzar las manos hacia delante le será más fácil mantener el equilibrio.

✓ Si estando acostado boca arriba se le sujeta de las manos y se tira un poco, él se agarra y hace fuerza hasta que logra sentarse. Ya ha aprendido a dar la vuelta para quedar boca abajo.

✓ Si está boca abajo levanta la cabeza y el torso apoyándose con fuerza sobre las palmas de las manos. En esta posición le gusta balancearse hacia delante y hacia atrás, apoyándose en los codos. Este es un movimiento previo al gateo.

✓ Muy posiblemente desde el mes anterior ya intentara agarrarse los pies y llevárselos a la boca, si no, seguramente, lo hará empezando el sexto mes.

✓ Cuando se le pone en posición vertical sostiene el peso del cuerpo con las piernas estiradas. Además flexiona y estira las piernas con vitalidad y energía.
✓ En todas las posturas ya tiene un dominio total de la cabeza.
✓ Su habilidad manual ha aumentado notablemente. Es posible que ya pueda coger los objetos con las dos manos. Su coordinación y capacidad de manipulación es mayor.

CARACTERÍSTICAS FÍSICAS

PESO

Un bebé de seis meses puede empezar el mes pesando entre 6000 y 7200 gramos. Estadísticamente, el peso medio de los niños es de unos 7000 g y el de las niñas de 6800. A lo largo de este mes aumentan por semana cerca de 150 gramos. A partir de allí el aumento de peso será más lento.

Para controlar su desarrollo basta con pesarlo una vez al mes.

TALLA

La talla puede oscilar entre 61 y 68 cm. El promedio para los niños es de unos 65 cm y el de las niñas de 63 centímetros.

ASPECTOS FUNCIONALES

VISTA

El bebé ya es capaz de ver todos los colores básicos.

Observa con detenimiento el rostro humano. Va memorizando las caras conocidas. Un avance significativo en el desarrollo de su capacidad visual es que ahora busca con la mirada los objetos que salen de su campo de visión. Si por ejemplo se le cae un muñeco de la cuna él dirige la vista hacia el lugar por donde desapareció.

Estimúlelo enseñándole objetos coloridos desde distintas distancias y posiciones. Una vez que los haya detallado muévalos lentamente para que él pueda seguir la trayectoria de sus movimientos.

Es de destacar que, por lo general, los niños de esta edad ya tienen los ojos completamente centrados. Si al mirarlo de frente continúa bizqueando es preciso consultar con el especialista.

TACTO Y HABILIDADES MANUALES

A los seis meses, por lo general, el niño descubre la posibilidad de conocer las cosas usando solo las manos. Si hasta ese momento intentaba coger lo que tenía al alcance para llevárselo a la boca, en este periodo descubrirá que puede simplemente palpar los objetos y recorrerlos deslizando las manos sobre ellos. El tacto se hace más sensible a las texturas y calidades.

Además, ha desarrollado la habilidad de agarrar los objetos, uno a la vez, y sostenerlos entre las palmas extendidas. Cada vez se mira menos las manos. Las tiene demasiado ocupadas tocando todo lo que encuentra a su paso. De momento le interesa más conocer otras partes de su cuerpo e investigar qué puede hacer con ellas. A menudo se agarra los pies con las manos, los mira y los saborea.

OÍDO

Su capacidad auditiva es más fina. Distingue sonidos suaves y disfruta de las voces cálidas y melodiosas. Ya puede reconocer algunos cambios de voz y de tono y asociarlos con el estado de ánimo de quien habla. Los sonidos demasiado fuertes le irritan. Reacciona llorando ante los gritos o los ruidos inesperados.

A partir de este mes localiza la fuente de los sonidos con exactitud. Cuando escucha un sonido gira la cabeza en dirección del emisor. Si la madre lo llama desde otra habitación él dirige la vista hacia allí y espera a que ella aparezca.

OLFATO Y GUSTO

Si usted ha estimulado el gusto y olfato del bebé es seguro que ya distingue una rica gama de sabores y olores. Con los nuevos alimentos ese proceso se acentúa. El niño cada día prueba, huele y toca lo que se lleva a la boca. De momento no es necesario sobrecargarlo de información: tiene suficiente con las experiencias que vive día a día. Es importante, eso sí, que los padres tengan una actitud abierta y manifiesten el placer que les producen las cosas. Si ellos dan muestras de agrado ante un perfume exquisito o ante una buena comida, por ejemplo, el bebé estará tentado a reproducir esa actitud.

CAPACIDADES LINGÜÍSTICAS

Un bebé de seis meses parlotea sin parar. Le gusta oír su propia voz y experimenta con los sonidos: repite una vocal, grita, susurra, cambia de tono, etc. Es posible que ya haya descubierto sonidos consonánticos como los de la s, la f o la z; y que empiece a encadenar sílabas muy sencillas del tipo: «maaa», «baaa», etc. Esto quiere decir que ya ha asimilado uno de los patrones estructurales del lenguaje: la forma como se construyen las palabras.

Al mismo tiempo, el niño está muy atento a los sonidos que oye. Presta atención a las conversaciones de los adultos, se fija en los movimientos de la boca, los gestos y en la expresión. Lo ideal es hablarle mucho, vocalizando bien, mirándolo a los ojos y dándole la oportunidad de que repita los sonidos que él puede reproducir.

Si está concentrado en sus propios parloteos no lo interrumpa: aprender a hablar requiere mucha práctica.

ASPECTOS SOCIALES

A los seis meses el niño interactúa con el mundo que lo rodea. La capacidad de desplazarse por sí mismo le proporciona nuevas aventuras, nuevos conocimientos y nuevas formas de relación.

Esta en una etapa en la que trata de imitar todo lo que ve: las expresiones, los movimientos, los tonos de voz, etc. El mundo de los adultos es una fuente constante de información que le permite aprehender lo necesario para la vida en sociedad.

Como todavía no maneja a la perfección sus nuevas capacidades puede que se muestre un tanto inestable con sus reacciones básicas. Se lleva sorpresas desagradables y pasa con frecuencia de la risa al llanto y viceversa. Le gusta estar rodeado por la gente que lo quiere, lo protege y le ayuda a hacer las cosas que todavía puede hacer solo.

Siente desconfianza de los extraños pero no tiene miedo de ellos. Sin embargo es necesario tratar de ampliar su círculo social. Se debe procurar que esté en contacto con otros niños para que se acostumbre a su presencia. Es importante, además, fomentar los encuentros con otros miembros de la familia.

NECESIDADES AFECTIVAS

Las demandas de afecto son cada día más claras. El niño ya tiene toda un repertorio de gestos, muy efectivo, para lograr que le presten atención y le brinden cariño. Ha descubierto que si balbucea, sonríe y agita los brazos siempre habrá alguien dispuesto a jugar con él. Nadie puede resistir semejantes manifestaciones de ternura. Ahora el niño necesita divertirse en compañía de sus padres. Quiere jugar con ellos, le gusta que lo abracen con fuerza, que lo hagan reír a carcajadas, que le hablen, que le canten y le muestren el mundo.

El bebé de seis meses es bastante egoísta con sus afectos. Cuando está con mamá la quiere solo para él. Le demuestra su amor y su simpatía haciéndole numeritos. Como quiere que ella lo mire siempre con buenos ojos, le hace gestos, le habla y le sonríe.

Cuando la madre se ausenta el niño se pone muy triste. Necesita de ese sentimiento para madurar emocionalmente. En la tristeza se mezclan distintos tipos de emociones con los que el niño debe aprender a convivir: amor y ansiedad, necesidad de cariño, extrañamiento, etc. El bebé sufre temporalmente para luego disfrutar, a manos llenas, de la alegría que le produce el reencuentro.

En esta temporada el bebé está aprendiendo a reconocerse como un individuo distinto a la madre. Le será de mucha ayuda tener cerca un espejo irrompible para mirarse a gusto. El espejo le ayuda a hacerse una idea de su cuerpo y le facilita la tarea de elaborar su propia imagen mental.

NECESIDADES ALIMENTICIAS

Es posible que el niño de seis meses todavía siga haciendo 4 tomas de leche al día, de 180 a 220 ml cada una. Algunos bebés ya siguen el patrón de las tres comidas diarias y dos meriendas intermedias. Como la leche sigue siendo la base de su alimentación. La necesidad de proteína está casi cubierta. Los sólidos más indicados a esta edad son cereales, frutas y verduras. Ocasionalmente hay que darle carne o pollo.

Para favorecer la masticación y aliviar las molestias asociadas con la dentición puede darle cubitos de verdura cocida como zanahoria o coliflor.

NECESIDAD DE DESCANSO

Los patrones de descanso suelen ser muy variables pero, en términos generales, los bebés de seis meses duermen cerca de 14 horas al día. El sueño nocturno es de 10 a 11 horas y al día suelen hacer dos siestas de unas dos horas. En principio, a esta edad el niño ya debe dormir por la noche sin interrupciones y ha de poder conciliar el sueño solo.

Es muy frecuente que el niño, antes de dormir, haga cosas como chuparse el pulgar, tirarse de las orejitas, acariciarse la cabeza, ensortijarse un mechón de pelo o aferrarse a un muñeco. Son mecanismos de consuelo que le permiten hacer más manejable controlar la ansiedad que le produce estar solo.

NECESIDADES FISIOLÓGICAS

Con los nuevos alimentos la digestión del bebé se hace más lenta y aumenta la cantidad de desechos a evacuar. Cambia el volumen de aspecto de las heces: son más sólidas y huelen más fuerte. Por lo general el niño hace una deposición al día pero es normal que se presente algún retraso. La coloración depende en gran medida del tipo de alimentos que se le den, es normal que, por ejemplo adquiera un color verdoso, si se le da puré de verdura.

Las micciones continúan siendo completamente involuntarias y son más frecuentes ya que ahora consume también otros líquidos distintos a la leche.

Como la acidez de la orina es bastante alta, debido a los cambios asociados con la dentición, se deben cambiar los pañales apenas estén mojados. Las irritaciones en la zona del pañal son el malestar más común de esta etapa.

CUIDADOS

LA RELACIÓN CON LOS ABUELOS

Nuestra sociedad exalta cada vez más los valores asociados a la juventud. El entusiasmo, la vitalidad y la lozanía se han convertido en requisitos indispensables para triunfar en la vida. Desafortunadamente, el culto a la juventud nos hace olvidar, con frecuencia, la experiencia y valía de la gente mayor. La serenidad, la paciencia o la ecuanimidad no se adquieren en un día. Los abuelos tienen todavía mucho que aportar a la vida social y familiar.

Hasta hace poco tiempo los niños crecían en un círculo social bastante amplio. La familia nuclear estaba mucho más integrada a la familia extensa. Muchos de los que hoy son padres crecieron acompañados por sus tíos, primos, sobrinos, abuelos, etc. y lo más seguro es que tengan un recuerdo entrañable de su infancia. Saben que cada miembro de la familia les aportó algo irrepetible.

Hoy por hoy reunir a la familia es todo un evento. Los niños tienen muy pocas oportunidades de entrar en contacto con personas cercanas de distintas edades y temperamentos. La relación que sigue siendo más vinculante todavía es la que se da entre abuelos, padres y nietos. Valga la pena aclarar que en ocasiones no se disfrutan todos los matices que ofrecen los vínculos familiares y que, de repente, los abuelos se ven convertidos en padres sustitutos, en canguros siempre dispuestos a echarle una mano a sus atareados hijos. El papel de los abuelos va mucho más allá de eso.

Ellos son los poseedores de la memoria familiar. Han visto crecer a sus hijos. Tienen experiencia suficiente para compartir opiniones sobre la crianza y la educación de los niños. Son capaces de reconocer aspectos del temperamento de sus nietos que los padres no pueden ver. En fin, ellos tienen una perspectiva distinta de los asuntos familiares. Eso no quiere decir que tengan razón en todo ni que lo que hagan o digan debe ser atendido a pie juntillas. Los padres son, al fin y al cabo, quienes definen las reglas y quienes toman las decisiones. En caso de desacuerdo deben estar en capacidad de entablar un diálogo y fijar unos límites que todos han de respetar.

La mayoría de abuelos disfruta enormemente de la compañía de sus nietos. Como ellos ya no tienen la responsabilidad de criar están mucho más relajados; logran un contacto muy placentero con sus nietos: tienen más tiempo libre y están dispuestos a pasárselo bien.

Aunque todo eso es cierto, también es verdad que la edad viene acompañada de ciertas limitaciones. Los abuelos no tienen tanta energía como para seguir el ritmo de un bebé. Se necesitan muchos arrestos para atender a un niño. Si se los trata como simples canguros o padres sustitutos se les abruma con una responsabilidad que ya no es suya, aunque en principio se muestren encantados y dispuestos. Son muchos los casos de depresión en la tercera edad asociados con la sensación de no poder asumir de nuevo la responsabilidad de velar por un bebé. En esos casos los abuelos manifiestan que se sienten utilizados, cansados y poco valorados.

A pesar de su buena voluntad y de su entusiasmo muchas veces están abrumados por la enorme cantidad de trabajo que implica cuidar un niño. De otra parte, aumentan los riesgos de sufrir accidentes. Una persona mayor no goza de las mismas capacidades físicas que un adulto joven; es posible que tenga limitaciones de movimiento o percepción y que no pueda reaccionar rápidamente en casos de emergencia.

Al pensar en la posibilidad de que los abuelos cuiden al bebé es preciso considerar nuestras necesidades sin olvidarse de las suyas. Seguramente así la relación será más respetuosa y enriquecedora para todos.

Recordatorio

Si el niño pasa mucho tiempo en casa de los abuelos es preciso vigilar que allí también se atiendan las normas de seguridad indicadas en el capítulo anterior.

EJERCICIOS PARA MEJORAR LA COORDINACIÓN MANO-OJOS

El bebé está en constante evolución, todo su cuerpo está cambiando y preparándose para nuevos retos. Para realizar acciones delicadas como coger cosas pequeñas necesita aprender a coordinar los movimientos de la mano. El control de la coordinación va surgiendo de forma espontánea; no se puede adelantar ni forzar. Cuando el niño esté listo empezará a probar qué puede hacer. Este es el momento de ayudarle a dominar mejor sus nuevas destrezas. A continuación sugerimos tres sencillos ejercicios que ayudarán al bebé en esta etapa.

Siéntese en el suelo o sobre una alfombra acolchada dejando las piernas flexionadas. Ponga al bebé sobre sus piernas dejando que apoye la cabeza sobre sus rodillas y que la espalda repose a lo largo de sus muslos. En esta posición las piernas del bebé quedan apoyadas sobre su pecho y el niño la puede mirar casi de frente.

El primer ejercicio consiste en tomar al bebé de los brazos, hacer que los estire y que se toque las manos hasta que logre tener las palmas abiertas. Repita la operación 3 o 4 veces.

A continuación tome uno de los brazos del niño, haciendo que flexione el codo y se toque la frente con la palma de la mano. Repita el movimiento 3 veces y cambie de brazo.

Vuelva a la posición del primer ejercicio: con las manos estiradas al frente haga que el bebé le toque las mejillas.

Con estos ejercicios el niño va aprendiendo a dominar el movimiento de las distintas partes del brazo (hombros, codos y manos). Un paso indispensable para el desarrollo de la motricidad fina.

¿ALIMENTOS PREPARADOS EN CASA O ALIMENTOS PROCESADOS?

Hasta hace muy poco tiempo resultaba impensable dar de comer al bebé otra cosa distinta a los alimentos que se preparaban en casa exclusivamente para él. En nuestros días es tal la oferta de productos procesados que resulta difícil evitar su consumo y dejar de disfrutar de sus innegables ventajas.

Si queremos establecer buenos hábitos de alimentación, es decir, hábitos que se extiendan a lo largo de la vida, debemos atender a la ya tan famosa máxima de «somos lo que comemos». Los alimentos que el niño consume son su fuente de energía, son la materia que se transforma y que se convierte en tejido, en sangre, en piel... Cuánto más sana sea la alimentación, más sano será el bebé. Salta a la vista que los padres son las personas más idóneas para controlar la calidad de los alimentos y las medidas de higiene que se deben observar durante su preparación. La comida hecha en casa ofrece un sinnúmero de beneficios. Si el niño se acostumbra desde muy pequeño a comer lo que hay en casa se adaptará rápidamente al menú familiar, le resultará más fácil recibir los alimentos enteros; conocerá su sabor real y disfrutará de una amplia gama de sabores. No se puede obviar tampoco que la comida hecha en casa es más barata, siempre y cuando se midan las raciones para evitar desperdicios.

Ahora bien, preparar la comida en casa no tiene por qué

convertirse en una tarea esclavizante. Si no hay tiempo suficiente para cocinar se puede optar por los procesados sin que la salud del bebé se vea menguada. El tema de la alimentación se ha de tratar con un poco de sentido común. Lo importante es tener claro lo que, a la larga, se quiere implementar. No pasa nada si de vez en cuando se le dan al bebé purés, papillas y otros productos procesados. Los alimentos para niños pasan por estrictas pruebas de calidad que garantizan que su consumo no implica riesgos para la salud. Sin embargo, nunca sobra estar al tanto de los ingredientes que tienen ciertos alimentos procesados. Conocer esa información nos permite seleccionar mejor los alimentos que el bebé consumirá. Se ha de verificar que, en la medida de lo posible, los alimentos envasados o en polvo no contengan sal, azúcar, grasas, ni aditivos químicos como saborizantes, espesantes o colorantes. Recuerde que el niño no necesita ni azúcar ni sal y si todavía no come huevo hay que evitar los preparados que lo contengan.

Sería injusto decir que los alimentos procesados no ofrecen también un buen número de beneficios. Son muy prácticos cuando se sale de paseo, son higiénicos, se pueden conservar en la nevera y como vienen en presentaciones individuales no hay lugar a desperdicios de comida. Los purés y las papillas tienen una textura uniforme que resulta muy práctica a la hora de empezar a introducir los sólidos.

Otros alimentos para bebé como los que vienen en polvo para preparación instantánea también son muy fáciles de llevar y preparar, pero pueden contener ingredientes que el bebé no necesita, como aceites o féculas. Tienen un valor nutritivo más bajo que los envasados y su sabor característico es distinto al de los alimentos frescos. Así que lo mejor es usarlos solo en casos excepcionales.

Una buena alternativa son los alimentos «orgánicos»

para bebés. Cada vez son más los supermercados y tiendas especializadas que ofrecen productos de este tipo. Suelen ser un poco más caros pero el sobreprecio se justifica si la calidad del producto es buena. Verifique siempre que los alimentos orgánicos estén avalados por las autoridades sanitarias y cumplan con las normas de calidad.

CONSEJOS PARA PREPARAR LA COMIDA EN CASA

✓ Elija solo productos frescos o congelados en fresco.

✓ Lave y limpie muy bien los ingredientes y los instrumentos que va a usar.

✓ Al llevar la comida al fuego evite usar recipientes de cobre o aluminio.

✓ No cocine demasiado los vegetales y, preferentemente, cuézalos al vapor.

✓ No es necesario agregar sal, azúcar ni grasas.

✓ Los alimentos caseros también se pueden congelar si previamente se esterilizan los recipientes. Recuerde que no se deben mantener alimentos en la nevera por más de dos días. Congelados en porciones individuales y bien tapados pueden resistir hasta 2 meses.

✓ Una forma de racionalizar el consumo es poner etiquetas con las fechas de congelación de modo que se gasten primero los alimentos que lleven más tiempo en la nevera.

✓ Las cubetas de hielo son muy prácticas para congelar preparados de distintos tipos. Son una ración perfecta para los pequeños.

Precaución

Antes de los seis meses evite darle al bebé purés de zanahoria, nabos, remolacha o espinacas. Contienen sustancias que el niño no asimila con facilidad. A partir de los seis meses es mejor que consuma esas verduras solo cuando están frescas. No se aconseja congelarlas ni conservarlas después de la cocción.

INCIDENTES Y PREOCUPACIONES MÁS FRECUENTES

DOLOR DE ENCÍAS

Es muy probable que durante este mes al bebé le salgan los primeros dientes y que durante este periodo tenga molestias como picazón y dolor de encías. Una manera eficaz y sencilla de paliar el dolor es mediante la aplicación de frío. Los mordedores plásticos que contienen líquido son muy prácticos para esta tarea ya que se pueden llevar directamente a la nevera. También son muy útiles los mordedores con relieve: alivian la picazón y estimulan la aparición de los dientes.

Como el niño en esta etapa bebé muerde todo lo que encuentra es necesario extremar las medidas de higiene y procurar que no se lleve objetos extraños a la boca. Lávele las manos con frecuencia o límpieselas con un pañito humedecido.

Si el dolor de encías es demasiado fuerte puede aplicarle gránulos de manzanilla. Es una terapia natural con la que se obtienen resultados positivos. Cuando todo lo demás falla puede optar, previa autorización médica, por darle jarabe de paracetamol.

BABEO

La dentición también viene acompañada de un aumento en el babeo. Casi desde los cuatro meses los bebés babean en exceso, tienen la barbilla irritada y es posible que se les agrieten los labios. Desafortunadamente no queda más remedio que dejarle el babero puesto y secarlo continuamente con un pañito suave. De ese modo se evitan infecciones.

Es posible, además, que el niño empiece a toser sin tener síntomas de gripe o resfriado. Por lo general, esa tos se presenta cuando el niño no puede tragar toda la saliva que produce.

INAPETENCIA

Si al bebé le molestan las encías es muy probable que se ponga renuente a la hora de comer. Aunque no todos los niños sufren de esta inapetencia temporal asociada con la dentición.

Es una reacción bastante comprensible que requiere una actitud relajada por parte de los padres. Ayúdele a superar esa etapa procurando que la hora de comer sea muy tranquila, y ofreciéndole la comida tibia. No hay que preocuparse mientras el niño mantenga el peso indicado para su talla y sexo.

TEMA DESTACADO

LA DENTICIÓN

El primer diente aparece, en la mayoría de los casos, entre el sexto y el octavo mes. Salvo alguna notable excepción se trata siempre de uno de los incisivos centrales de la mandíbula inferior. Los de la mandíbula superior aparecerán aproximadamente dos meses después.

La aparición de los dientes sigue el patrón que describimos a continuación: primero aparecen los incisivos centrales; luego los laterales, seguidos de los caninos y el primer molar; posteriormente aparecerá el segundo molar.

La llamada dentición de leche se inicia a los 6 meses aproximadamente y se completa aproximadamente a los 3 años.

El cambio de los dientes de leche por la dentadura permanente se producirá entre los 6 y los 7 años.

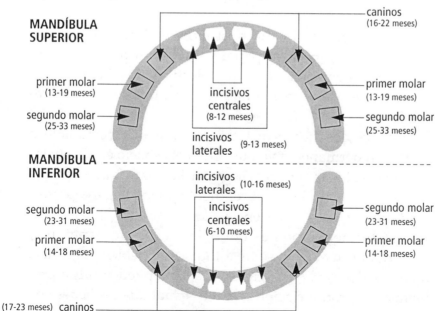

MANDÍBULA SUPERIOR

caninos
(16-22 meses)

primer molar
(13-19 meses)

segundo molar
(25-33 meses)

incisivos centrales
(8-12 meses)

incisivos laterales (9-13 meses)

primer molar
(13-19 meses)

segundo molar
(25-33 meses)

MANDÍBULA INFERIOR

incisivos laterales (10-16 meses)

segundo molar
(23-31 meses)

primer molar
(14-18 meses)

incisivos centrales
(6-10 meses)

segundo molar
(23-31 meses)

primer molar
(14-18 meses)

(17-23 meses) caninos

Que aparezcan los dientes no quiere decir que, automáticamente, haya que destetar al niño. Si empieza a morder el pezón es preciso hacerle entender que eso no está bien. Sea enérgica. Tenga presente que los bebés muerden cuando han dejado de mamar para ponerse a jugar.

Si la muerde retírele el pezón y dígale un «no» rotundo. Espere un poco antes de ponerlo de nuevo. No celebre la primera mordida: él creerá que es divertido.

CARIES DENTAL

La aparición de los primeros dientes implica ciertas medidas de higiene para prevenir la tan molesta caries dental. Son muchas las razones para cuidar de los dientes de leche aun a sabiendas de que son temporales. Tener unos dientes sanos forma parte de la salud integral del bebé, no es asunto que se limite a la buena apariencia personal. Una dentadura sana quiere decir que hay una dieta equilibrada, unos buenos hábitos de higiene y una atención esmerada por parte de los padres.

Para tener una buena nutrición es fundamental que los dientes cumplan su papel y que estén perfectamente sanos. Si el bebé tiene dolor o molestia en los dientes dejará de comer de la forma habitual y su organismo se resentirá.

Además, los dientes de leche determinan la postura de la dentición permanente ya que abren el espacio en las encías y ocupan el lugar que estos llegarán a tener más adelante. La caries además de estropear el diente puede llegar a producir deformaciones en las encías.

Los primeros dientes también juegan un papel muy importante en el proceso de adquisición del lenguaje. Si el diente se deforma por la caries, a la larga pueden surgir problemas de pronunciación. Es muy usual que los bebés con dientes cariados tengan problemas a la hora de reproducir ciertos sonidos.

Cuanto antes se empiecen a fijar las pautas de la higiene bucal más fácil le será al niño, más adelante, adquirir el hábito de cepillarse los dientes por sí mismo.

CONSEJOS DE LIMPIEZA

✓ Mientras le salen los primeros molares limpie los dientes y las encías del bebé, con una gasa humedecida. Acostúmbrese a hacerlo después de cada comida y, en especial, antes de llevarlo a la cama.

✓ Cuando ya tenga las primeras muelas utilice un cepillo especialmente diseñado para bebés. Suelen ser muy suaves y tener pocas filas de cerdas. Frote los dientes con movimientos muy suaves y limpie también la lengua y las paredes de la cavidad bucal ya que allí se acumulan los microbios.

✓ No es necesario usar dentífrico. El bebé no puede escupir todavía la pasta de dientes. No es bueno que el niño trague demasiado flúor. Lo importante es eliminar los restos de comida que quedan en la boca.

✓ Para que el niño aprenda del ejemplo conviene cepillarse en su presencia. Esta es la mejor manera de acostumbrarlo a la limpieza bucal.

✓ Cuando los niños son un poco mayores, por lo general en el segundo año, quieren cepillarse solos. Es su manera de responder a los estímulos que recibe. Si queremos que sea autónomo e independiente hay que acceder a sus peticiones pero sin dejar de hacerle una limpieza exhaustiva antes de dormir.

CONSEJOS PARA QUE EL NIÑO LLEGUE A TENER UNA SONRISA SANA

✓ Nuevamente diremos que la mejor manera de garantizar una bella sonrisa es vigilar que la alimentación del niño sea equilibrada. Ha de tener una ingesta alta de calcio, fósforo, flúor y vitaminas, especialmente la C, que se recomienda para mantener las encías sanas.

✓ Evitar a toda costa el consumo de productos que contengan azúcar refinado o de los alimentos que se queden pegados a los dientes. Aunque el azúcar moreno o la miel sean más sanos no es bueno excederse con ellos. Cuanto menos azúcar coma el bebé menos riesgo tiene de padecer caries dental.

✓ No deje que el niño duerma con el biberón en la boca. Son muchos los bebés que pierden los dientes de forma prematura por esta razón. La leche, el zumo o el cereal del biberón contienen azúcar. Cuando el niño se duerme deja de tragar y de producir la suficiente saliva para ir limpiando la cavidad bucal, el azúcar se fermenta y la boca permanece, durante horas, en contacto con las bacterias. En estas condiciones es muy fácil que aparezca la caries.

Recordatorio

Entre los 18 y los 24 meses hay que tratar que el bebé deje de usar el chupete. El abuso del chupete puede producir deformaciones en la cavidad bucal.

EL BEBÉ DE SIETE MESES

Está empezando a moverse por el mundo. Sus músculos están fuertes y sus movimientos son cada vez más sofisticados.

Es una época de cambios emocionales. Está aprendiendo a tener más distancia con sus padres y a reconocerse como un individuo distinto de ellos. Es el periodo en el cual tira todo lo que se le ponga en la mano. Utiliza este juego como un recurso que le permite comprender las relaciones de causa y efecto.

DESARROLLO MOTRIZ

✓ El bebé de siete meses se desplaza reptando o rodando. En esta posición le gusta impulsarse hacia delante o hacia atrás, de ese modo aprende a tener un mayor dominio de sus nuevas capacidades. Esta es una forma previa e indispensable del gateo y del desplazamiento autónomo.

✓ Cuando está tumbado boca arriba gira sobre sí mismo hasta ponerse boca abajo. Al principio girará primero hacia un lado solamente, pero cuando gane más práctica logrará hacerlo hacia los dos lados. Es preciso vigilarlo muy bien para evitar accidentes.

✓ Si está tumbado boca abajo y algo llama su atención intentará cogerlo con una mano mientras que con la otra sostiene el peso de su cuerpo. En esta postura puede mantener la cabeza levantada.

✓ Al principio de este mes se sienta sin apoyo pero todavía no tiene suficiente equilibrio, así que lanza las manos hacia delante para sostenerse. Casi al final de este mes tendrá tan dominada la posición que puede girar hacia uno u otro lado sin perder el equilibrio y será capaz de cruzar una mano sobre su propio cuerpo para alcanzar un juguete.

✓ Tiene más fuerza y mejor tono muscular. Cuando se le ofrece ayuda para permanecer en pie es capaz de soportar su propio peso. Las piernas ya son lo bastante fuertes para hacerlo. El desarrollo de los músculos de la espalda ya está también a punto como lo demuestra el hecho de mantenerse recto cuando está de pie. Le gusta que lo mantengan en esa posición para jugar a hacer el muelle. Salta y se agacha con mucha destreza y coordinación.

✓ Está en los inicios de la llamada prensión en pinza, es decir, del movimiento de agarre en el cual llegará a utilizar solamente el pulgar y el índice. Uno de los avances significativos en este sentido es agarrar los objetos entre la base del pulgar y la parte lateral del índice como seguramente lo hace el bebé en este periodo.

Utiliza las dos manos para sostener objetos y quizá logre pasarse un juguete de una mano a otra.

CARACTERÍSTICAS FÍSICAS

PESO

En la primera semana del séptimo mes los bebés pesan entre 6600 y 7800 gramos y a lo largo del mes aumentarán unos 100 gramos por semana. Siguiendo las pautas de la media, dependiendo del sexo, tenemos que los niños suelen pesar unos 7600 g y las niñas 7400 g.

TALLA

En correspondencia con el peso tenemos que la talla oscila entre 63 y 70 cm. Un niño de 7600 g ha de medir aproximadamente 67 cm, y una niña de 7400 g medirá unos 65, 5 cm.

ASPECTOS FUNCIONALES

VISTA

Si algo cae y sale de su campo de visión trata de seguirlo con la mirada. Es posible que algunos niños intenten inclinarse para buscar el juguete que se les cae de las manos. Esto le permite ajustar mejor sus movimientos dependiendo de la distancia a la que se encuentre.

En esta temporada también se concentran más tiempo en un objeto de su interés. Su visión está mucho más desarrollada. Ya distingue todos los detalles y los matices de color.

TACTO Y HABILIDADES MANUALES

Hace los primeros intentos de agarrar usando la prensión en pinza. Manipula los objetos con precisión: les da la vuelta y los toca por todas partes. Es importante darle la oportunidad de que ejercite esa nueva capacidad enseñándole a usar juguetes con cuerda, carritos y móviles. El bebé se ejercita agitando sus juguetes, acariciándolos y golpeándolos entre sí.

Aprenderá, dentro de poco, a distender los músculos de la mano y logrará soltar las cosas a voluntad.

OÍDO

Se siente interesado por ruidos que escucha de modo habitual e identifica algunos sonidos de su ambiente: la televisión, el teléfono o el timbre de la casa, por ejemplo.

Está muy atento a todo lo que suena y, sobre todo, a las palabras de sus padres. Como tiende a imitar lo que oye, le resultará más fácil aprender si usted vocaliza y gesticula correctamente. Imite los sonidos que él hace, así establecerán una forma de comunicación muy divertida. También se le puede enseñar a chasquear con la lengua y a soplar: son dos ejercicios básicos que le permitirán explorar nuevos sonidos.

OLFATO Y GUSTO

Ahora que ya ha probado más alimentos sólidos es fácil saber cuáles son sus preferidos. Vale la pena seguir estimulando el sentido del gusto de modo que pueda discriminar y disfrutar de más sabores. Ahora que está en la etapa del primer diente conviene introducir galletas sin gluten, son duras y alivian la picazón y las molestias propias de esta etapa.

No olvide seguir estimulando su sentido del olfato ofreciéndole todo tipo de aromas naturales.

CAPACIDADES LINGÜÍSTICAS

Sus capacidades lingüísticas están desarrollándose con mucha rapidez. Las repeticiones, balbuceos, risas y parloteos aumentan. Emite sonidos rítmicos y puede pronunciar mejor ciertas sílabas que antes le resultaban problemáticas. Repite una sílaba hasta el cansancio; si se queda solo balbucea y se entretiene modulando la voz.

Con los sonidos que emite compone algo parecido a frases. Es como si intentara copiar la estructura rítmica de las oraciones más elementales.

La capacidad para relacionar conceptos y palabras es cada vez mejor. Ahora, por ejemplo, es capaz de atender órdenes muy sencillas, del tipo «coge el muñeco». Si la orden va acompañada de un lenguaje gestual muy explícito el bebé podrá entender mejor esa relación y ampliar su universo conceptual. Si por ejemplo, al decirle «ven» le hacemos el gesto con las manos, se refuerza la idea que queremos que entienda.

Intenta responder cuando se le llama por su nombre, de igual manera ya comprende el nombre de sus padres.

Todo este proceso es necesario para que el niño se apropie del lenguaje y llegue a expresar ideas y conceptos por medio de las palabras. No conviene entonces interrumpir sus gritos ni sus monólogos. Aunque puedan parecer excesivos son indispensables para su desarrollo.

ASPECTOS SOCIALES

Sigue disfrutando mucho de la presencia de su madre aunque ya tiene conciencia de que son individuos distintos. No le gusta que ella se aleje pero lo acepta sin quejarse demasiado. Aunque le encanta jugar con sus padres también es capaz de entretenerse solo durante cortos lapsos de tiempo.

Quiere participar activamente de la vida social. Le gusta sentarse a la mesa con el resto de la familia. Esta experiencia le permitirá observar y obtener la información necesaria para cuando llegue el momento de utilizar los cubiertos.

Los padres que quieran disfrutar de un poco de intimidad y actividad fuera de casa deben aprovechar que durante esta etapa el niño no tiene todavía la llamada crisis de los extraños. De momento disfruta mucho de la compañía de familiares y canguros.

Su núcleo social es más amplio y él ya sabe como comportarse en ciertas situaciones para obtener lo que desea. Comunica con mayor facilidad su estado de ánimo. Es fácil saber si está contento o enfadado o si quiere que le presten atención. Sabe que los adultos que lo rodean lo quieren y le gusta recibir confirmación de sus actos. Le encanta que celebren sus avances, que lo elogien y que hablen de él.

A lo largo de este periodo sigue mostrando interés por su imagen en el espejo. Se acerca y mira con atención al bebé del espejo, gesticula y ríe. Todavía no logra reconocerse pero el espejo le ayuda a hacerse una idea ajustada de su propio cuerpo.

NECESIDADES AFECTIVAS

El niño empieza a mostrar inquietud por el alejamiento de sus padres. A medida que crece se va haciendo palpable que necesita que le reafirmen el afecto y que cuenten con él en el momento de partir. Es posible que él no entienda completamente el ritual de las despedidas pero le resulta más fácil de asumir si se toman el tiempo para contarle que saldrán, si lo abrazan y le dicen algunas palabras de consuelo y, sobre todo, si al llegar se muestran felices de verlo y le muestran su cariño. Él siente tanto apego hacia los padres que le cuesta separarse de ellos a la hora de dormir. En ocasiones le cuesta conciliar el sueño. Sabe que ese es un momento en el que permanecerá solo y se resiste. Necesita que lo acompañen, que le hablen y que al despertar en la mañana lo tomen en brazos y lo mimen.

En esta edad empieza a notar que sus llantos reales o fingidos son igualmente atendidos por sus padres. Es bastante probable que intente ver hasta dónde llega ese pequeño gran poder. Hay que tener mucha paciencia para no sucumbir a todos sus reclamos y para no culpabilizarse por ello.

En ocasiones se comporta como si la madre fuera de su exclusiva propiedad y puede mostrarse enfadado si los padres se lo pasan bien sin él. Cuando esto sucede grita y llora para hacerse notar. Vive una etapa de oposiciones fundamental para su desarrollo: pasa fácilmente del amor a la rabia, o del llanto a la risa y viceversa.

Él intenta que lo complazcan de cualquier manera pero como no siempre lo logra va encontrando la manera de tolerar mejor la sensación de impotencia y frustración: se apega a un objeto o trata de consolarse a sí mismo acariciándose, agarrándose una orejita o aferrándose a uno de sus juguetes preferidos.

NECESIDADES ALIMENTICIAS

Los niños de esta edad suelen hacer 4 tomas diarias de leche de 220 a 230 ml cada una. La diversificación de los alimentos continúa. Los pediatras recomiendan introducir la carne a partir de los 7 meses. Se debe empezar por carnes blancas y posteriormente darle a probar ternera o vaca. La mejor forma de preparar las carnes es cocida o a la plancha, luego se ha de triturar muy bien para mezclarla con verduras en puré.

Recuerde que se deben preparar pequeñas cantidades: no más de 20 gramos por comida, de ese modo se evitan desperdicios.

NECESIDAD DE DESCANSO

Ahora el niño está activo durante más tiempo. Por lo general un bebé de siete meses suele dormir, por la noche, entre 9 y 10 horas y en el día hace dos siestas diurnas de 1 a 2 horas y media, aproximadamente. Los periodos de sueño son muy variables.

A esta edad es probable que duerma durante toda la noche. El reloj biológico del niño de siete meses ya está mejor adaptado al descanso nocturno. Excepcionalmente se despierta para comer, sobre todo cuando se altera su rutina diaria.

Si aún se despierta de noche entonces tenga en cuenta que debe aprender a volver a conciliar el sueño sin ayuda. Cuando llore acuda sin encender las luces ni levantarlo de la cuna. Acompáñelo, háblele, acaríciele las manitas pero no lo cargue. Pasado un rato despídase y retírese.

Aumente cada noche el lapso de tiempo que tarda en ir a atenderlo. Empiece tardando 5 minutos y cada día aumente 1 o 2 minutos más.

NECESIDADES FISIOLÓGICAS

Son pocas las variaciones con respecto al mes anterior. Por lo general hay una deposición diaria, y dependiendo de la reacción a los nuevos alimentos, puede presentarse algún retraso.

Las micciones siguen siendo numerosas y completamente involuntarias: moja el pañal con bastante frecuencia.

CUIDADOS

DE LA BAÑERA PEQUEÑA A LA GRANDE

No resulta demasiado cómodo ni para el bebé ni para los padres seguir con los baños en la bañera infantil. En principio el bebé ya está preparado para la bañera de los adultos. Algunos bebés se muestran temerosos por la cantidad de agua y porque el espacio les puede parecer demasiado grande. Hay que hacer el cambio paulatinamente. Una buena medida es durante los primeros días poner su pequeña bañera dentro de la grande para que se vaya acostumbrando. Cuando acepte que lo pasen a la grande habrá que extremar las medidas de seguridad. Los accidentes en el cuarto de baño suelen ser bastante aparatosos. Para que el niño esté completamente seguro y no resbale, se pueden utilizar sillas de baño o sencillamente poner en el fondo de la bañera una toalla. De lo que se trata es de que no resbale y que no haya riesgos de que trague agua y se asuste.

Hay que controlar que no haya corrientes de aire en el cuarto de baño y que la temperatura del ambiente y del agua sea agradable. Si pone dentro de la bañera una buena cantidad de juguetes para que se distraiga será mucho más fácil la tarea de enjabonarlo y limpiarlo. De lo contrario hará cosas como llevarse el jabón a la boca o tocar el grifo del agua caliente.

LA SEGURIDAD DEL NIÑO QUE REPTA. INICIOS DEL GATEO

Aunque ya en el capítulo dedicado al bebé de cuatro meses hablamos de unas normas generales de seguridad, conviene tener en cuenta las particulares medidas que se deben tener en cuenta con el niño que se mueve por su cuenta. No se debe perder de vista que la autonomía de los bebés pone a prueba la capacidad de sus padres para prevenir los accidentes. El mundo del niño que repta o empieza a gatear tiene unas dimensiones muy distintas a las de los adultos, una colilla por ejemplo puede parecer completamente inofensiva pero no es así, si el niño la encuentra y se la lleva a la boca puede atragantarse, además de consumir sustancias que su cuerpo no está preparado para recibir. Revise su hogar y tome las medidas del caso. Quizá lo más recomendable es ponerse al nivel del niño y observar la disposición de todo lo que hay alrededor pensando en los riesgos que el niño puede llegar a correr.

Consejos prácticos

✓ Vigile que en el suelo no haya objetos pequeños y peligrosos como: alfileres, clips, agujas, monedas, botones, fósforos, palillos.

✓ Deje fuera de su alcance bolsas de plástico o globos a medio inflar.

✓ Revise nuevamente que los aparatos eléctricos estén fuera de su alcance y que no pueda tirar de los cables de planchas, secadores, etc.

✓ Para su tranquilidad guarde objetos delicados y valiosos y no deje porcelanas u objetos de vidrio al alcance del niño. Todos los materiales que se rompan al caer son peligrosos para un niño.

✓ Si los muebles tienen acabados en punta es mejor recubrirlos con espuma.

✓ Para evitar caídas en las escaleras ponga barandillas que le impidan el paso. Asegúrese que la distancia entre los barrotes sea pequeña, de modo que no quede atrapado si intenta pasar.

✓ Las medicinas deben estar en un lugar seguro al igual que los detergentes y líquidos de limpieza. No deje debajo del fregadero ni del lavaplatos sustancias como limpiacristales, pinturas, desinfectantes, insecticidas, etc.

✓ Cuando salga con el bebé vigile que no se lleve nada a la boca. En la calle o en los parques infantiles puede encontrar restos de comida, excrementos. Antes de dejar al bebé en el suelo cerciórese de que es un espacio libre de fragmentos de vidrio, latas, colillas, etc.

Vale la pena insistir en que la seguridad del niño no tiene que ver solo con los peligros físicos. La actitud que tengan los padres lo hará más o menos temeroso o aventurero. Si los padres reaccionan mal, si ante el menor riesgo gritan o ponen cara de pánico, el niño se dará cuenta de que lo que hace está mal y dejará de intentarlo. Aunque le cueste un poco trate de mantener la calma y tómese las cosas con tranquilidad. Si la casa no está tan limpia y ordenada como usted quiere, piense que es una situación temporal y que, al fin y al cabo, lo más satisfactorio es saber que el niño va creciendo sano y con suficientes estímulos. No importa que haya muñecos en el suelo. Piense mejor que ese pequeño desorden es una invitación a que el niño trate de alcanzarlos, de verlos y de ejercitarse.

El bebé necesita seguridad emocional, necesita sentirse apoyado y protegido pero no en exceso.

Le ayudará mucho saber que tiene libertad para moverse y que su campo de acción no se restringe a la cuna, al parque o al cochecito.

EL BEBÉ QUE INTENTA COMER SOLO

Como hemos venido diciendo, el bebé de siete meses es más autónomo y participativo. Intenta hacer las cosas por sí mismo porque necesita poner en práctica todo lo que ha aprendido. Es posible que ahora intente llevarse la comida a la boca por su propia cuenta. Ahora que come alimentos sólidos hay que tener cuidado porque aumentan las posibilidades de ahogamiento. Por tanto recuerde no dejar al alcance del niño alimentos como uvas pasas, palomitas de maíz, frutos secos, judías; o trozos de carne, pollo o vegetales crudos.

✓ A la hora de comer, el niño debe estar sentado en una trona segura y en un ambiente relajado. Si llora o se ríe deja de tener control sobre un acto tan complejo como masticar, tragar y respirar. Es mejor dejarlo tranquilo cuando come.

Como el niño todavía no coordina bien sus movimientos es posible que se ensucie con facilidad y que deje caer los alimentos al suelo. Medidas tan sencillas como dejar un plástico extendido bajo su trona y ponerle un buen babero evitarán disgustos y harán la hora de comer más apacible.

INCIDENTES Y PREOCUPACIONES MÁS FRECUENTES

AUMENTO EN LAS PROTESTAS

Un bebé de siete meses es una personita capaz de sentir rabia cuando algo o alguien se interpone a sus deseos. Esta nueva etapa en la que el niño no se guarda la sensación de impotencia es muy importante. El hecho de que el niño puede expresar su frustración pone de manifiesto una mayor madurez emocional. Cuando los padres le dicen «No» a algo que él quiere, protesta enfurecido, llora y grita. Es una forma primaria de reaccionar que le permite reafirmar su individualidad y manifestar sus deseos.

Esos primeros enfrentamientos entre su voluntad y la de sus padres llegan a ser, en ocasiones, un poco tensos. Basta tener claro qué se le puede permitir y qué no. Aunque todavía no pueda entender las razones de una negativa sí que puede ir interiorizando lo que está bien y lo que no.

Una situación que se presenta a menudo es que el niño haga una escena cuando los padres salen de casa sin él. Esta protesta está relacionada con la sensación de angustia. Teme perderlos, teme ser abandonado y por eso muestra su preocupación. Pide que lo levanten en brazos, se muestra interesado por jugar con ellos y por llamar su atención. Hace falta todo un ritual para despedirse de él. Lo mejor es tomarse las salidas con calma y con tiempo. Jugar un ratito con él, acariciarlo, abrazarlo y tranquilizarlo explicándole que no tardarán. Si durante los juegos se incluyen escenas de desaparecer para volver a aparecer él podrá entender las relaciones de causa y efecto. Este juego le permite asumir el alejamiento de los padres con mayor tranquilidad. Enseñarle a tolerar la frustración es más beneficioso para su desarrollo emocional que acceder incondicionalmente a todos sus requerimientos.

Otras causas frecuentes de aumento en las protestas están relacionadas con su necesidad de moverse. No le gusta que los deje demasiado tiempo en el parque infantil, en la sillita o en la cuna. Necesita moverse, distraerse y compartir sus juegos con las personas que lo quieren. Tiene muchos motivos para exigir que le presten atención y si no le hacen caso es natural que se queje. No hay que desesperar ante las escenas de llanto, basta considerar las causas reales de sus quejas y tomar las medidas del caso. Él obtiene información sobre la forma ideal de reaccionar cuando ve a sus padres. Si se ponen nerviosos y se desesperan, él asumirá ese tipo de conducta como el patrón normal; por el contrario, si tratan de mantener la calma y se muestran conciliadores aprenderá a sobrellevar mejor sus pequeños problemas cotidianos.

LLANTOS SIMULADOS

Simular el llanto es una de las variantes más comunes en la búsqueda de la satisfacción de las necesidades afectivas. Como el niño ha descubierto que los padres lo atienden cuando llora, es posible que decida probar hasta dónde llega su influencia. Terminando el séptimo mes es posible que lloriquee sin causa aparente, busca llamar la atención y hacer que sus padres lo mimen y lo levanten en brazos. Si está bien atendido, ha comido, no tiene pañal sucio, si sus padres juegan con él y le prestan atención y, a pesar de todo eso continúa llorando, eso sí, sin una sola lágrima, solo grititos desapacibles, seguramente es porque está simulando el llanto.

Todos los niños pasan por una época similar y lo mejor es tomarse las cosas con un poco de sentido del humor. Ayuda el pensar que los bebés ven a sus padres y, en esencial a su madre, como alguien que está siempre dispuesta a satisfacer sus necesidades y por esa razón le gusta experimentar hasta dónde puede llegar. Si se le da rienda suelta a su poder irá a más y es posible que con el paso del tiempo se convierta en un niño caprichoso que quiere imponer sus deseos a toda costa. La situación puede complicarse si, por ejemplo, los padres se sienten culpables porque no dedican suficiente tiempo a los niños. Es muy importante tener en cuenta que no siempre se puede atender al bebé ni satisfacer todos sus caprichos. Esta no es una situación negativa. En absoluto. Todos los seres humanos hemos de aprender a sobrellevar el sentimiento de impotencia. Vale más que se aprenda a convivir con él que sufrir innecesariamente ante la menor dificultad. Mientras esa forma de ejercer control sobre los padres no sea excesiva es una experiencia más que enriquecerá la convivencia y que le hará sentirse querido, protegido y respetado.

TIRA LOS JUGUETES

Los padres suelen consultar con mucha frecuencia sobre ciertas acciones que los niños repiten hasta el cansancio. La escena resulta familiar. El niño está en la cuna o en la trona, coge uno de sus muñecos y lo tira al suelo. La madre se lo vuelve a ofrecer, lo agarra nuevamente y a los pocos segundos lo vuelve a lanzar al suelo. Y así puede seguir hasta que alguno de los dos se canse.

Es perfectamente normal que el niño tire sus juguetes al suelo y que llame la atención para que se los vuelvan a dar. Esta actividad le permite entender que sus acciones tienen efecto en el mundo exterior: le gusta saber que él solo puede imprimir movimiento a un objeto. En el juego de tirar juguetes se ponen en juego sus nuevas capacidades. Aprende a soltar las cosas a voluntad e identificar los procesos de causa y efecto. A otro nivel, esta dinámica le ayuda a comprender que las cosas siguen existiendo a pesar de que no se encuentren en su campo de visión: simplemente se ausentan para regresar a sus manos al poco tiempo. Al parecer, con este juego el niño interioriza el alejamiento de sus padres. Es un mecanismo que le permite comprender la dinámica de esa situación emocional. Las cosas salen de su campo de acción pero, para su tranquilidad, retornan: el mundo vuelve a la normalidad. Así que no hay más remedio que armarse de paciencia y alcanzarle los juguetes una y otra vez. Una alternativa es amarrar los juguetes a la sillita, la cuna o el parque con una fibra que se rompa con facilidad para que no haya peligro de ahorcamiento. De manera que le baste con estirar la cuerda para volver a tener el juguete en sus manos. Si usted le enseña cómo hacerlo, al poco tiempo él podrá hacerlo por sí solo.

TEMA DESTACADO

EL BEBÉ Y LAS ESTACIONES

A lo largo del primer año el niño tendrá que ir adaptándose a los cambios de estación. Cada temporada le ofrece nuevas experiencias vitales pero también implica ciertos cuidados específicos para evitar al máximo esas pequeñas complicaciones de salud que le pueden hacer pasar un mal rato. Veamos.

PRIMAVERA

Durante la estación primaveral el ambiente suele estar bastante cargado de polen. Y junto con el polen aparece la llamada fiebre del heno. Esta enfermedad tiene su momento álgido durante los meses de abril y mayo. Si el niño ha sufrido con anterioridad de alergias es posible que el polen desencadene una reacción de este tipo. La enfermedad se reconoce por síntomas como: ardor y picazón en los ojos, aumento en la secreción nasal y estornudos frecuentes.

Durante este periodo conviene evitar el contacto directo con las plantas y cubrir el cochecito de paseo de modo que el niño no pueda aspirar el polen

A principios de la primavera también es frecuente que los bebés sufran de gripe. Los variadísimos virus que producen la fiebre suelen atacar al bebé a lo largo de su primer año sin que todavía haya desarrollado defensas suficientes para combatir el mal. Puede que durante esta época el niño presente fiebre, malestar general, e inapetencia. Aunque es posible que mejore rápidamente. Lo mejor es consultar al pediatra para asegurarse de que no se trata de una dolencia de otro tipo.

Recuerde que la vacuna contra la gripe les ayuda a enfrentarse a la gripe más virulenta y peligrosa.

VERANO

Con la llegada del calor se presentan grandes cambios en la rutina diaria del niño. Hay algunos que se adaptan bien a las altas temperaturas pero para otros es un proceso bastante complicado.

Muchos niños se muestran inapetentes especialmente a principios del verano. Les cuesta alimentarse de la forma habitual. Están mucho más interesados en consumir líquidos y alimentos frescos.

Es preciso aumentar la cantidad de agua que consumen porque la transpiración aumenta y con ella el riesgo de deshidratación. Recuerde que el niño no necesita bebidas azucaradas ya que estas aumentan la sensación de sed.

Si el niño rehúsa a tomar agua, diluya los zumos de fruta en agua u ofrézcale frutas jugosas cortadas en trozos pequeños. Cuando salga ponga los biberones en un recipiente que los conserve frescos o lleve un pequeño termo con hielo para que no se calienten.

Para facilitar la hora de la comida trate de refrescarlo antes de llevarlo a la trona. Disminuya la cantidad de alimento y ofrézcale solo alimentos nutritivos y refrescantes: vegetales, frutas, lácteos y cereales.

No olvide refrigerar los alimentos. En verano no se conservan bien fuera de la nevera.

Ahora bien, en verano también es preciso preparar un ajuar especial para hacer más llevaderas las molestias asociadas con el calor. Lo más apropiado para la temporada veraniega son las prendas de algodón de colores claros. Frescura y comodidad han de ser las dos máximas de la temporada. Si el niño suda demasiado y tiene calor constantemente es posible que sufra de sarpullidos y otras molestias cutáneas.

Al salir de paseo

✓ Recuerde que no debe exponer directamente al niño a los rayos del sol.

✓ Siempre que salga de paseo debe ir con la cabeza cubierta y protegido de la luz directa por una sombrilla (algunos cochecitos de paseo la llevan incorporada); pero no debe permanecer mucho tiempo bajo la sombrilla porque la temperatura corporal puede aumentar con facilidad. Si quiere reposar durante el paseo póngase a la sombra de un árbol o bajo techo en un lugar fresco.

✓ Lleve una muda extra de ropa para cambiarlo si está muy sudado o si necesita refrescarlo.

✓ Para evitar quemaduras por exposición al sol vístalo con ropa suave de algodón que le cubra los brazos y las piernas.

✓ Evite salir en las horas de más calor. Entre las 11 y las 4 de la tarde la temperatura es bastante alta y los rayos del sol demasiado fuertes para la delicada piel del bebé. Si la temperatura es mayor de 30° no se debe exponer al niño al calor.

✓ Si el bebé tiene menos de 6 meses no se le debe llevar a la playa. Corre riesgo de insolación y es posible que los productos cosméticos como los protectores solares le causen irritación. Consulte con el pediatra sobre el protector indicado para el niño. Por lo general se recomienda un producto de alta protección que debe ser aplicado por lo menos media hora antes de salir de paseo. Ha de renovarse la aplicación pasadas unas dos horas. No se debe poner al niño ningún producto que contenga alcohol.

Cuidados generales

✓ Hidrate al niño con frecuencia.

✓ Es importante insistir en que el niño no debe ser expuesto al sol de forma directa. No debe broncearse bajo ningún pretexto. La excesiva exposición al sol aumenta el riesgo de sufrir lesiones de piel y, a largo plazo, son mayores las posibilidades de desarrollar cáncer de piel.

✓ En la medida de lo posible evite el aire acondicionado. Muchas alergias respiratorias están asociadas a su uso. En caso de utilizarlo verifique que la temperatura no sea demasiado baja. Lo ideal es entre 18° y 20°.

✓ Si se presentan alteraciones del sueño a causa del calor deje dormir al niño solo con el pañal y con una franela suave.

✓ No deje al niño dentro del coche durante demasiado tiempo. La temperatura puede subir drásticamente en pocos minutos y es posible que sufra un golpe de calor. Si esto llega a suceder refrésquelo inmediatamente, dele agua y déjelo reposar en un lugar fresco.

✓ Si ya se ha causado una quemadura, es decir si el niño tiene la piel enrojecida, presenta fiebre o se han formado ampollas en la piel lo mejor es consultar al pediatra. En ocasiones los remedios caseros suelen complicar la lesión o entorpecer el proceso de curación.

Si el bebé pasa demasiado tiempo expuesto al sol o al calor puede sufrir una insolación. Este caso requiere de atención médica urgente. Lleve al niño al pediatra si presenta los siguientes síntomas: fiebre, piel reseca, diarrea, somnolencia, irritabilidad; es posible que llegue a tener convulsiones o desmayos.

En la piscina

✓ Si el niño es mayor de seis meses ya puede darse baños en la piscina. Cuidando eso sí de que use tapones para los oídos de modo que no pueda entrar agua en los canales auditivos. No debe obviarse esta recomendación, especialmente si el niño ha sufrido de otitis.

✓ No deje al bebé en compañía de otros niños y no lo deje solo bajo ningún pretexto. No debe pasar más de media hora en la piscina porque corre el riesgo de insolarse o sufrir quemaduras.

✓ Asegúrese de que las condiciones de higiene en la piscina sean óptimas y que el niño no tome agua de forma accidental. No se le debe sumergir la cabeza en el agua.

✓ Evite los baños en piscina si el bebé ha tenido recientemente bronquitis, otitis o amigdalitis.

OTOÑO

Cuando bajan las temperaturas y llegan las lluvias aumentan los casos de gripe, catarro y resfriados. Desde finales de finales de septiembre hay que empezar a proteger al niño de las corrientes de aire frío y de las lluvias. Al salir de casa el bebé debe estar suficientemente abrigado. La cabeza ha de estar cubierta y si el aire es demasiado frío es preciso que lleve una bufanda.

El resfriado

Es una infección causada por virus de distintos tipos cuyos síntomas son nariz congestionada, dolor de garganta y estornudos constantes. No suele estar acompañada de fiebre y desaparece al cabo de unos ocho días.

El catarro

Es muy frecuente que se presente en otoño pero no es una enfermedad exclusiva de esta estación. A lo largo del año la mayoría de bebés tiene un promedio de 6 a 8 catarros. Al principio presenta unos síntomas muy parecidos a los de la gripe: estornudos, fiebre, malestar, decaimiento pero con la diferencia que en el catarro es constante una tos seca. Es una enfermedad leve que suele durar unos 8 días, luego de los cuales empieza una notable mejoría. Una recomendación especial es no medicar al niño. El pediatra es la única persona autorizada para indicar el tipo de medicamento que debe consumir el bebé.

Mientras dure el catarro el niño tiene que guardar reposo, beber muchos líquidos y seguir el tratamiento que indique el doctor.

La gripe

Es bastante frecuente en primavera y en otoño. Es una enfermedad un poco más fuerte que el resfriado común causada, como habíamos dicho antes, por virus de distintos tipos. El periodo de incubación de la enfermedad es de aproximadamente tres días. Después se presenta fiebre, estornudos, dolor muscular y de garganta; secreción nasal y, en ocasiones, vómito y diarrea.

Como en las dolencias anteriores los cuidados incluyen reposo e hidratación frecuente y revisión médica. Recuerde que una gripe mal tratada puede derivar en neumonía o bronquiolitis.

Una forma de saber que la enfermedad no se está complicando es vigilar el aspecto de la secreción nasal. Si es blanca no hay peligro. Un tono amarillo o verdoso indica la presencia de infección.

Cuando los niños van a la guardería aumenta el riesgo de contagio. Por mucho que trate de impedirse es inevitable que el niño padezca y supere la enfermedad para que desarrolle anticuerpos para luchar contra ella.

INVIERNO

Los cuidados básicos del invierno tienen que ver con el control de la temperatura corporal y con el aumento de alimentos calóricos.

Al salir de paseo

Durante esta temporada el bebé debe salir a la calle suficientemente abrigado con prendas cálidas y livianas. Si hace demasiado frío o nieva, el niño debe llevar siempre un gorro de lana, bufanda, guantes, medias, botas y abrigo. La ropa de algodón y de lana es perfecta para esta temporada. También resultan muy útiles los tejidos sintéticos que conservan el calor.

Los paseos invernales han de ser más bien cortos y en las horas menos frías. Recuerde siempre llevar un impermeable que lo proteja de la lluvia y de la nieve. Si alguna vez los sorprende la lluvia cambie inmediatamente al bebé. No debe llevar prendas mojadas por ningún motivo.

Como la temperatura de la calle y de los espacios cerrados varía, es preciso desabrigar un poco al bebé cuando viaja en el coche o en tren, cuando entra a sitios climatizados.

De otra parte hay que hidratarle constantemente los labios y la piel ya que el frío los reseca. Aunque no haya mucha luz debe seguir aplicando protector solar diariamente, en especial cuando hay nieve, porque esta refleja los rayos del sol con mucha intensidad. En zonas nevadas el bebé debe llevar lentes oscuros.

Si la temperatura exterior es muy baja hay que evitar el peligro de congelación. Si los dedos, la nariz o las orejas cambian de color y adquieren un tono blanco grisáceo o amarillento póngase a cubierto de inmediato y caliente al niño.

En casa

Vigile que el cuarto del niño tenga una temperatura agradable. Durante el día ha de tener unos 20° y durante la noche entre 15 y 18°.

Durante esta estación ponga al niño pijamas térmicos de modo que no se enfríe aunque se desabrigue. No es necesario usar muchas mantas: es mejor utilizar mantas especiales para guardar el calor que agobiar al niño con pesadas mantas de lana.

El uso de los sistemas de calefacción reseca el ambiente. El aire pierde humedad y las fosas nasales del bebé se ponen más sensibles. Por esta razón es preciso humidificar el ambiente. No es necesario tener un aparato especial para hacerlo. Basta con poner recipientes con agua sobre las fuentes de calor.

Recuerde que durante esta temporada debe aumentar un poco el consumo de calorías. Además de la leche ofrézcale puré de frutas, cereales variados: arroz, avena, maíz, centeno; patata, carne y verduras cocidas.

EL BEBÉ DE OCHO MESES

Es un ser lleno de energía, con ganas de moverse, de jugar y de reír. Como ya tiene un gran dominio de los movimientos es posible que ya logre desplazarse con cierta facilidad. El bebé se muestra encantado con sus nuevas conquistas. Le gusta estar con sus padres y empieza a mostrarse receloso ante la presencia de extraños. Experimenta sentimientos contradictorios: la autonomía le gusta pero también le asusta un poco.

DESARROLLO MOTRIZ

✓ El niño descubre que puede permanecer de costado, apoyando el peso del cuerpo sobre el antebrazo y la parte lateral de la pierna. Usa la mano libre para jugar y apoya la pierna de arriba en el suelo para mantener el equi-

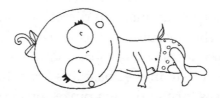

librio. Este nuevo movimiento le facilitará la acción de girar, en las dos direcciones, cuando está acostado para luego incorporarse sobre el costado hasta sentarse.

✓ Cuando está sentado mantiene el equilibrio sin ayuda y además utiliza las manos para jugar; puede, por ejemplo, agitar un sonajero al tiempo que gira el cuerpo para ver algo que le interesa. También se lanza hacia delante o hacia los costados y pone las manos en el suelo para buscar apoyo.

✓ Si tiene algo a lo que agarrarse intentará ponerse de pie. En cuanto descubra esa posibilidad la practicará con frecuencia. El cambio de perspectiva le atrae. Le gusta que lo sostengan en pie para hacer piruetas: patalea, se agacha, se estira, se balancea. Es una manera de ejercitar las piernas para el momento de echarse a andar.

✓ El gran hito de esta edad es que pasa de estar sentado a ponerse en posición de gateo. Esta es una actividad de gran complejidad que pone en juego la coordinación y el equilibrio, y que involucra todos los músculos del cuerpo. El niño se hace más consciente de su cuerpo y de las nuevas posibilidades de desplazamiento. A partir de ahora será un niño más autónomo.

✓ Es preciso aclarar que el gateo pasa por distintas etapas y que no todos los niños gatean, en el sentido estricto de la palabra. Algunos simplemente se desplazan arrastrándose sobre el estómago y haciendo fuerza con las manos. Al principio, intentan reptar hacia delante, pero como tienen más desarrollados los músculos de la parte alta del cuerpo van justo en dirección contraria. Lentamente el bebé descubre el movimiento de los pies y se ejercita para desplazarse sobre cuatro patas.

✓ A lo largo de este mes es bastante probable que el niño coja las cosas formando una pinza con el pulgar, el índice y el dedo del corazón. La manipulación se hará mucho más precisa a partir de este momento. Con el paso de los días aumentará la coordinación y logrará afinar la prensión en pinza. Además aprenderá a dar palmadas.

CARACTERÍSTICAS FÍSICAS

PESO

Al principio de este mes el peso oscila entre 7000 y 8200 g. Dependiendo del sexo tenemos que un niño de ocho meses pesará cerca de 8000 g, y una niña 7800 aproximadamente.

Hay que recordar que las cifras que manejamos en esta sección son apenas una media estadística. Por lo tanto deber ser consultada solo como una guía que ayude a establecer el patrón particular de crecimiento del bebé. Mientras el peso del bebe aumente de forma gradual, en un promedio de 100 gramos por semana, no hay de qué preocuparse.

TALLA

En correspondencia con los datos del peso, la talla promedio de un niño de esta edad es de unos 69 a 70 cm. La de las niñas es apenas un poco menor: entre 66 y 67 cm.

ASPECTOS FUNCIONALES

VISTA

Un hecho asociado al nuevo control sobre el cuerpo es que el niño aprende a percibir la distancia de los objetos. Al estar sentado y lanzarse hacia un juguete o al gatear y dirigirse hacia algo que le llama la atención descubre la distancia real que hay entre él y lo que ve. El cambio de perspectiva cuando logra ponerse de pie complementa su agudeza visual. Calcula mucho mejor la distancia a la que se encuentran las personas y los objetos. Está siempre muy atento a lo que sucede a su alrededor ya que va descubriendo el efecto que tienen sus actos en el mundo exterior. Descubre que puede echar a rodar un juguete y mira atentamente el desplazamiento.

Su memoria visual es mayor, puede recordar los rostros de algunas personas y reconoce sus juguetes aunque no los haya visto en los últimos días.

TACTO Y HABILIDADES MANUALES

Al gatear, el mundo del bebé se amplía notablemente. Hay muchas más cosas que le interesan. Quiere tocarlo todo, morderlo, reconocerlo y manipularlo. Las experiencias táctiles de esta época son muy variadas. El bebé, por sí solo, descubrirá la textura, la temperatura y la calidad de las cosas que hay en casa. Sacará tierra de las macetas, tocará las plantas, los muebles, los espejos; acariciará sus juguetes, su ropa y practicará hasta el cansancio el juego de lanzar juguetes fuera de su campo de acción, especialmente cuando está en la cuna o en la sillita de comer. Si no tiene estímulos visuales, si nada le llama la atención tendrá menos probabilidades de experimentar y de conocer el mundo. Una forma de estimularlo es dejar en el suelo juguetes de colores y formas variadas o incitarlo a buscar algo que se le ofrece desde lejos. Es de destacar que ya en el octavo mes acepta el reto de buscar un juguete que sus padres esconden.

También le resultará muy estimulante tener a su alcance una caja grande con juguetes de plástico, de madera, de trapo y con recipientes de distintos tamaño. Vaciará la caja para volver a llenarla porque necesita practicar el mecanismo de agarrar y soltar.

OÍDO

Identifica sin ninguna vacilación la fuente de los sonidos y, si le interesan, se gira hacia ellos.

Disfruta moviendo el sonajero de forma voluntaria. Le empiezan a gustar los juguetes que suenan al tirar de una cuerda.

La mayoría de niños a esta edad sienten especial predilección por los sonidos de la naturaleza: del viento, de la lluvia, del río y de los animales. Se pueden conseguir grabaciones de este tipo con relativa facilidad, si no, basta con imitar los sonidos mientras se le enseñan fotografías o dibujos.

OLFATO Y GUSTO

La diversificación de los alimentos le permite al niño experimentar nuevos olores y sabores. De este modo sigue ampliando la gama que ya conoce. A partir de esta edad acepta mejor los alimentos un poco ácidos, como el tomate; y sabores más complejos como el de las judías o las lentejas siempre que se preparen en puré.

CAPACIDADES LINGÜÍSTICAS

Durante este mes el niño balbucea imitando la estructura rítmica de las frases más sencillas. Integra nuevos sonidos silábicos y los encadena. El balbuceo es ahora más controlado y participativo. El bebé intenta interpelar a otras personas e intervenir en las conversaciones. Si se dirige a él dele tiempo de contestar. Al principio no entiende muy bien lo que usted quiere que haga pero al poco tiempo comprenderá la dinámica de una conversación: uno habla mientras el otro escucha.

Cuando está solo «habla» constantemente y experimenta con la articulación de los sonidos; con el tono y la modulación.

Le interesan las conversaciones de los adultos. Las sigue con atención y detalla el movimiento de la boca y los sonidos que quiere reproducir. Una vez que los haya fijado decide entrar en la charla y empieza a gritar o a parlotear.

Es probable que, a lo largo del mes, el niño logre reproducir una estructura musical simple. Intenta imitar las canciones que escucha con frecuencia. Los niños en general disfrutan de la música y en especial de las canciones que mamá les canta. Déjelo escuchar con frecuencia canciones infantiles y cuentos cantados.

Aunque todavía no pueda reproducir las palabras está aprendiendo a relacionar los sonidos con las cosas. Es una etapa en la que necesita que le repitan una y otra vez los sustantivos comunes. Si ve la foto de un perro le gustará oír la nueva palabra una y otra vez. Es el momento de aprovechar para enseñarle, por ejemplo, las partes del cuerpo; señalándolas específicamente y repitiendo la palabra.

ASPECTOS SOCIALES

La autonomía tiene grandes efectos en la esfera social del bebé. Ahora es menos dependiente y es capaz de interactuar con su entorno.

Hace intercambios sociales de forma voluntaria. Logrará establecer contacto con algunos adultos que le resultan especialmente simpáticos: sus tíos, sus abuelos o los amigos cercanos de los padres. Llamará su atención sonriéndoles, mostrándoles sus juguetes y ofreciéndoselos en una especie de invitación a jugar. Empieza a practicar las formas de relación que ha venido observando a su alrededor.

En el proceso de configuración de su personalidad juega un papel muy importante el reconocimiento de su imagen en el espejo. En la medida en que él se identifique a sí mismo descubrirá que los otros son distintos y aprenderá a examinar las distintas partes de su cuerpo. A los ocho meses, el niño mira el espejo e intenta explorar la imagen con la boca.

En esta edad, el niño logra transmitir claramente sus preferencias y es capaz de obtener cariño cuando lo necesita. Extiende los brazos para que lo levanten. Acompaña este gesto con balbuceos y sonrisas o con lágrimas y gritos.

Aunque su vida social es más amplia no siente confianza en presencia de adultos desconocidos. Se muestra aprensivo y temeroso. Ya tiene capacidad de reconocer las personas que pertenecen a su esfera familiar y las que no. Se aleja de los extraños porque le causan inquietud y alarma. Una buena manera de ayudarlo es dejarlo en compañía de sus tíos, primos o abuelos. Es importante que entienda que papá y mamá no son las únicas personas que lo pueden cuidar y proteger.

La crisis de los extraños es una respuesta a los cambios que vive. De alguna manera es como si ya tuviera suficiente con descubrir todas las novedades que hay a su alrededor. A esta edad parecen sufrir una especie de regresión: se muestran mucho más apegados a mamá y menos dispuestos a separarse de ella. Una forma de ayudarle a superar ese tipo de inquietud es mediante el juego del escondite. Mamá desaparece debajo de una manta y vuelve a aparecer pasados unos segundos. Sale unos segundos de la habitación y vuelve a entrar sonriente y feliz. Esconder un juguete para que lo busque es una manera de incitarlo a descubrir que lo que sale de su campo de visión no deja de existir, solo desaparece momentáneamente.

NECESIDADES AFECTIVAS

En esta edad el niño necesita sobre todo sentir seguridad y confianza. La autonomía le causa excitación. Todavía no sabe muy bien hasta dónde puede llegar. Es al mismo tiempo un osado y un tímido. Experimenta sensaciones contradictorias: pasa de la risa al llanto con mucha facilidad. Para ayudarle a superar esta etapa hay que reconocer y festejar sus logros de modo que logre sentirse seguro de sus capacidades.

El contacto físico sigue siendo de vital importancia. Le gusta que lo acaricien, que lo abracen y lo besen. Empieza a disfrutar de los contactos un poco más enérgicos como las cosquillas y los juegos corporales.

La necesidad de seguridad se manifiesta en uno de los comportamientos típicos de esta edad: adoptar una mascota. La mascota puede ser uno de sus juguetes preferidos, una manta o una prenda de vestir. La mascota le permite al niño autosatisfacer sus necesidades afectivas. Es normal que no quiera separarse de ella ni un solo instante. En su presencia se siente tranquilo y fuerte. Le gusta sentir que tiene poder total sobre algo que hace justamente lo que él quiere que haga: estar siempre a su lado. Esto le permite aprender a superar el temor de que los padres se alejen. La mascota afectiva le ofrece seguridad, consuelo y compañía.

Como parte del mismo proceso, el niño se muestra en ocasiones intransigente y caprichoso. Demuestra sus preferencias y se niega a aceptar sucedáneos. Si quiere jugar con su oso no aceptará que le ofrezcan un cochecito. Si no quiere comer no lo hará. Aunque, eso sí, cambiará de opinión con bastante frecuencia. Es una manera de afirmar su personalidad, su poder de decisión. Manifiesta su voluntad en actos tan sencillos como jugar solo o tomar el biberón, sin ayuda, mientras se da palmaditas en la barriga. Si lo interrumpen o tratan de ayudarlo se pone de mal humor. La relación con la madre está cambiando: ya no siente hacia ella solo amor y ternura, ahora experimenta sentimientos de frustración y de rabia. Todos estos matices forman parte de su desarrollo emocional.

NECESIDADES ALIMENTICIAS

Si el bebé consume una buena cantidad de alimentos sólidos ya no necesita la misma cantidad de leche. Por lo general, a los ocho meses hacen 3 o 4 tomas diarias de 220 a 230 ml cada una.

El avance en el consumo de alimentos sólidos es más notable a esta edad. Gracias a sus habilidades manuales puede coger los alimentos y llevárselos a la boca sin ayuda. Hace movimientos tan precisos como agarrar una judía utilizando solamente el pulgar y el índice.

Como ya tiene dientes no es necesario que todos los alimentos se le ofrezcan en puré ni que se cuezan demasiado tiempo. Lo ideal es ofrecerle alimentos sólidos que él pueda ablandar usando las encías o los que ya están triturados desde la preparación, como purés de verduras.

¿Qué se le puede ofrecer?
✓ Trozos de pan de cereales y galletas integrales.
✓ Cereales: arroz, trigo, avena.

✓ Quesitos.

✓ Trozos de fruta fresca, sin piel y sin semilla: plátanos, peras, manzanas, melocotón, albaricoque.

✓ Trozos de vegetales hervidos: patatas, coliflor, zanahoria.

✓ Carne, siempre que sea guisada y picada; las albóndigas son ideales.

✓ Pasta en todas sus variedades.

✓ Pueden empezar a introducirse los purés de legumbres: lentejas hervidas, judías negras, etc.

✓ Se deben evitar completamente los alimentos duros y pequeños como los cacahuetes, frutos secos, uvas pasas, etcétera.

NECESIDAD DE DESCANSO

Duermen más o menos 14 horas al día, 11 o 12 por la noche y el resto repartido en dos siestas. Puede que en algunos días le baste con hacer una siesta larga durante el día.

La intensa actividad física que hacen a diario les hace tener un sueño más profundo. Son pocos los niños de esta edad que se despiertan en medio de la noche.

NECESIDADES FISIOLÓGICAS

Mantienen más o menos estables los patrones de los meses anteriores. Pueden presentarse cambios al introducir las leguminosas. La digestión de los granos es más lenta, por lo tanto es normal que se presente un retraso en las deposiciones. Estas cada vez presentan un aspecto más parecido a las de los adultos. Se hacen más oscuras y tiene un olor más fuerte.

CUIDADOS

En el capítulo anterior se explicaron, grosso modo, los cuidados que había que tener con los niños cuando empezaban a desplazarse sobre el vientre y cuando gateaban. Queremos ahora hacer algunas recomendaciones específicas sobre ciertas actividades que el niño no debe realizar sin vigilancia.

EN LAS ESCALERAS

✓ Es indispensable que el niño aprenda a subir y bajar escalones pero nunca debe estar solo. Puede resbalar y caer. Es necesario dedicar cierto tiempo a esta actividad siempre bajo la vigilancia de un adulto. Acompáñelo a subir y enséñele cómo bajar. Si intenta bajar de frente puede caer o asustarse. Mientras no haya un adulto dispuesto a estar junto al niño, es mejor poner barandas en las escaleras vigilando que entre los barrotes no puedan quedar atrapados los pies, las manos o la cabeza del niño. Si las escaleras son de un material muy resbaladizo es mejor cubrirlas temporalmente con una alfombra.

A LA HORA DE COMER

Como hemos visto, el niño ya está preparado para llevarse la comida a la boca con precisión.

Para prevenir accidentes es preciso que coma siempre en la trona. Si come mientras gatea o juega puede ahogarse y es posible que nadie le esté prestando atención en ese justo instante.

También es preciso vigilar que los alimentos que come no impliquen ningún riesgo. Si son alimentos muy suaves, de los que se deshacen en la boca sin necesidad de masticarlos, han de tener un tamaño adecuado, similar al de una semilla de ciruela o un poquitín más grande. Si son alimentos duros como un trozo de zanahoria conviene cortarlos en cuadritos más pequeños.

No hay que servirle en el plato demasiada cantidad de alimento, es mejor ponerle primero unos cuantos trocitos y en cuanto los acabe poner otra cantidad similar. Así se evita que intente ponerse en la boca una cantidad excesiva de comida.

Qué hacer si el niño se atraganta con comida

En primer lugar hay que conservar la calma y actuar con rapidez. Si está con otra persona, pídale que busque ayuda médica.

Siéntese y ponga al niño sobre sus rodillas dejándolo descolgar de la cintura para abajo. La cabeza debe mirar hacia el suelo. Dele golpes rítmicos, no muy fuertes, en la parte alta de la espalda, exactamente entre los omóplatos. Este movimiento debe bastar para que expulse la partícula que le obstruye las vías respiratorias.

No se recomienda intentar sacar el objeto con los dedos porque se corre el riesgo de empujarlo más hacia adentro. Solo se debe intentar este procedimiento cuando se esté seguro de que se podrá asir con fuerza el elemento que impide el paso del aire.

INCIDENTES Y PREOCUPACIONES MÁS FRECUENTES

EL DESCUBRIMIENTO DE LA SEXUALIDAD

Es común que en esta etapa el bebé inicie la exploración de sus genitales. Es una forma de ir conociendo su cuerpo y de descubrir la manera de obtener sensaciones placenteras.

La sexualidad es un aspecto más de la personalidad del niño. Mientras más naturalidad se muestre ante este tipo de comportamientos, mejor. Es perfectamente sano y natural que explore su cuerpo. No hay que regañarlo ni impedirle que se toque.

Es posible que note con alguna frecuencia que los varones tienen erecciones cuando le cambia el pañal o a la hora del baño. Es una reacción a los rozamientos normales que implican estas actividades. Las niñas también presentan erección del clítoris pero debido a su conformación anatómica resulta casi imperceptible.

Vale la pena anotar que algunos niños no empiezan los tocamientos hasta pasado el primer año pero no tiene nada de raro que lo hagan antes. La única medida a tomar es vigilar un poco más las normas de higiene y limpiarle las manos con más frecuencia para evitar infecciones. Si se toca los genitales y luego se lleva las manos a la boca puede introducir bacterias o microorganismos presentes en la orina o en las deposiciones.

TEMOR A ALEJARSE DE LA MADRE

Es típico de este mes que el bebé experimente mucha ansiedad y temor al separarse de la madre. Teme perderla, teme que cuando ella sale de su campo de acción no regrese. Aunque es un sentimiento que perdura a lo largo de la infancia, en mayor o menor intensidad, suele superar la etapa más crítica al cabo de 3 o 4 semanas, cuando descubra que a pesar de sus negativas y temores ella siempre regresa.

Como hemos dicho anteriormente vive una situación muy ambigua. Ahora que se desplaza en busca de nuevas aventuras, todo le resulta nuevo, llamativo y emocionante. No puede evitar hacer lo que ya sabe hacer y alejarse voluntariamente de la madre, pero al cabo de un rato cobra conciencia de que está lejos y se siente desprotegido y temeroso.

La crisis de ansiedad se puede agravar si el niño experimenta una separación forzosa. A esta edad es muy susceptible a la ausencia materna. Si él o la madre tienen que estar separados, como sucede a menudo en los casos de hospitalización o en los viajes de trabajo, el bebé interioriza el sentimiento de desprotección y desvalidez.

No es este un buen momento para llevarlo por primera vez a la guardería ni para dejarlo a cargo de un canguro que no conoce. En este momento le resultará muy traumático afrontar cambios tan drásticos.

Para ayudarlo a superar esta etapa es necesario mostrarse tranquilo y relajado en el momento de la separación. Si los padres se sienten angustiados por el sufrimiento del niño no le ayudarán a sobrellevarlo, al contrario, empeorarán el suyo.

Al jugar con el niño recuerde jugar a aparecer y desaparecer, detrás de las manos, de una manta, de una cortina, etcétera. El niño experimentará nerviosismo y felicidad y se irá acostumbrando, poco a poco, al alejamiento.

Cuando el niño esté jugando solo no se le debe interrumpir, conviene que pase algunas temporadas entreteniéndose a sí mismo. En este mes conviene acudir a sus llamados sin demorarse. No hay que darle lugar a que vea confirmados sus temores porque lo más seguro es que tenga largas crisis de llanto y de impotencia. Cuando estos se presenten guarde la calma, hable con él y acarícielo. Se irá sosegando al sentir el contacto físico y las manifestaciones de cariño.

Es posible que la angustia por la separación venga acompañada de dificultad para conciliar el sueño, temor a la oscuridad o llantos repentinos en medio de la noche. Todo forma parte del mismo proceso: él sabe que a la hora de dormir tiene que estar separado de los padres y se va a la cama con esa expectativa. Si se despierta llorando acuda a verlo y consuélelo sin prender las luces. Deje a su mascota afectiva en la cuna y acompáñelo hasta que vuelva a dormirse

CRISIS DE LLANTO FRENTE A LOS DESCONOCIDOS

A los ocho meses suele haber un punto culminante en el cual el bebé se niega a aceptar la presencia de extraños. La llamada «fase del extrañamiento». Si alguien se les acerca gritan lloran y se aferran a mamá. Si ella se aleja lloran y la llaman a gritos. Como vimos anteriormente es una etapa normal de su desarrollo que se relaciona con el alejamiento de la madre. Pero ¿qué hacer ante la crisis de llanto? En primer lugar no trate de calmarlo invitándolo a aceptar el contacto que le ofrece la persona que desencadenó la crisis. El bebé no puede ser simpático con alguien que no ha visto, a pesar de que sea un viejo amigo de la familia o un familiar que no conoce. Si llora desconsoladamente hay que cogerlo en brazos, abrazarle y hablarle, hasta que se apacigüe.

TEMA DESTACADO

CÓMO ENTENDER LA DISCIPLINA

El concepto de disciplina ha variado enormemente a lo largo de los años. Hoy por hoy están devaluados algunos métodos que se empeñaban en hacer del niño un adulto en pequeño. El sano desarrollo de la personalidad del niño implica libertad de movimiento pero también hace necesaria una vigilancia constante. Al analizar el comportamiento del bebé se hace evidente que el niño no tiene interiorizada la noción del peligro. Esta depende de las experiencias que vaya acumulando y de la comprensión de los procesos que él realiza.

No se puede pretender que el niño tenga un comportamiento correcto sin tener en cuenta la manera como él aprende a conocer el mundo. Cuando todo es novedoso, como es el caso de un niño durante el primer año, no hay una posibilidad distinta de aprender que mediante el sistema de prueba y error. El niño, por ejemplo, intenta siempre comer solo. No le importa ensuciar su ropa ni tirar parte de la comida al suelo. Toda su concentración se centra en el proceso que quiere reproducir. Observa lo que sucede a su alrededor y trata de repetirlo con las limitaciones propias de su edad. Visto así es imposible aplicar al bebé los mismos criterios de comportamiento que se exigen a un adulto o a un escolar. El bebé trata de aprender lo que necesita para integrarse en el mundo y participar activamente de él. Esto le permite adaptarse al medio y aprehender todas las pautas de comportamiento que se requieren para vivir en sociedad.

IMPORTANCIA DE LOS LÍMITES

Es fundamental que el niño esté rodeado de un ambiente que le genere seguridad y confianza. El papel de los padres, como figuras de autoridad, debe centrarse en tratar de garantizar al máximo las condiciones para que el niño crezca sintiéndose protegido, amado y respetado. Esto no quiere decir que se le permita hacer a voluntad todo lo que pida y desee. Muy al contrario, se trata de delimitar su experiencia para crear un espacio donde pueda moverse libre y tranquilo. Los límites no son solo restricciones o prohibiciones. Son más bien llamadas de atención sobre el punto hasta donde puede llegar sin ponerse en peligro, y sin vulnerar a los demás miembros de la familia con sus acciones.

Consideraciones

Tenga en cuenta siempre que un bebé no es consciente del valor asociado a ciertas cosas. Para él un jarrón no es un objeto valioso, es simplemente algo que está frente a él y que le atrae. Él no sabe todavía que ciertos comportamientos no son tolerados en sociedad, ni tampoco sabe reconocer ni anticiparse a las circunstancias que implican peligro. No sabe que puede quemarse si se acerca a una chimenea ni imagina que puede rodar por la escalera. Por estas razones, la primera medida es ajustar el hogar a las necesidades del niño y tratar de equilibrar las necesidades del resto de la familia para que la convivencia sea agradable. No es necesario prever todas y cada una de las posibilidades, si se observan con atención las capacidades del niño es fácil determinar los ajustes que se requieren. No es lo mismo adaptar la casa a un bebé de tres meses que a uno de ocho. Si el niño ya gatea y se mueve de forma autónoma son otras las medidas que hay que tomar, por ejemplo, dejar fuera de su alcance los objetos que los padres quieren conservar.

La vida cotidiana requiere una gran dosis de sentido común y de ecuanimidad. Lo más importante a la hora de fijar límites es ser sensato y no extralimitarse a la hora de considerar los peligros. Un exceso de protección lo hará temeroso. Sobre todo si el niño se da cuenta de que cada vez que intenta un movimiento nuevo sus padres ponen cara de terror y acuden presurosos a ayudarle aunque no lo precise. Él ve en la cara de sus padres la única respuesta posible, y a medida en que estas reacciones se repitan las irá fijando como pautas de comportamiento.

Qué límites fijar

No hay una respuesta fija a esta pregunta. Solo los padres pueden saber a ciencia cierta qué quieren evitar y las razones para hacerlo. Es posible que a unos padres les resulten divertidas algunas cosas que para otros son intolerables. La experiencia previa juega un papel fundamental en este sentido.

En algunas familias se considera muy importante, por ejemplo, que el niño se alimente únicamente cuando esté sentado en la trona, de modo que puedan estar pendientes de él por si se atraganta y porque, además, quieren que vaya aprendiendo a usar los cubiertos. No le ofrecen comida cuando está gateando o mientras juega, así que el niño termina por comer cada día en su sillita sin oponer resistencia.

Los límites dependen de muchos factores: de la disponibilidad de tiempo, de las características físicas del hogar y de las costumbres familiares. Cualesquiera que sean los límites es preciso que se respeten y que no estén sujetos a demasiadas excepciones. Al querer trasmitir una regla, esta no quedaría muy clara si está sujeta a continuos cambios. Por ejemplo, si una madre quiere evitar que su bebé la muerda debe mostrarse enfática y hacerle saber de forma clara que eso no está bien. Un «no» dicho con seriedad cumple su papel con más frecuencia de lo que parece. Pero si, al día siguiente la madre ríe y celebra la acción, el bebé puede pensar que es un juego divertido.

Consejos prácticos

✓ Cuando establezca un límite trate de hacerlo respetar. A pesar de que el niño insista es mejor mantenerse firme. No es conveniente cambiar las reglas con demasiada frecuencia porque pierden valor y se hacen ambiguas. La seguridad a la hora de establecer los límites no es contraproducente. Al principio el niño se siente un poco frustrado pero rápidamente reconoce que puede optar por otras actividades que también le interesan.

✓ Cuando se quiera evitar una acción no acuda solo a la prohibición. Es mejor si le ofrece una actividad alternativa. Si por ejemplo el niño está rompiendo un libro, quíteselo, dígale que no, dele una razón y ofrézcale otra opción: un papel blanco para que lo rasgue a su gusto. «Esto sí que lo puedes romper».

✓ Póngase de acuerdo con su pareja y con la canguro para evitar confusiones. De este modo resulta más sencillo entender el sentido de una orden.

✓ No utilice nunca el castigo físico, al niño le resulta incomprensible la razón de un acto semejante. La violencia no le ayuda a entender que algo no está bien. La firmeza a la hora de hablar suele ser mejor. Si a pesar de la llamada de atención el niño insiste en la conducta, por ejemplo, destrozando una planta del jardín, dígale que no y aléjelo de ese lugar.

✓ Si busca que el niño comprenda bien lo que usted quiere, trate siempre de verbalizar sus emociones. Puede que él no entienda todas y cada una de las explicaciones pero de ese modo puede ir aprendiendo que el diálogo es el mejor vehículo para comunicarse con sus semejantes. Un ejemplo de esto es cuando el niño hace algo malo y la madre se queda callada y luego se aleja. El bebé se desorienta, no sabe qué ha hecho ni por qué su mamá, de repente, ya no lo quiere ni le presta atención.

✓ Tenga siempre presente que el niño tiende a repetir todo lo que sucede en su hogar. Es inútil intentar que el niño se comporte de una forma distinta a lo que ve en casa. Si, por ejemplo, usted sueña con un niño que use el tiempo libre de forma creativa cuando esté en la edad escolar, lo mejor es predicar con el ejemplo. Si la familia usa el tiempo de ocio para leer, pintar, pasear o cocinar, el niño crecerá viendo ese modelo y le será más fácil ejercer su creatividad.

✓ Por último queremos resaltar la necesidad que tiene el niño de ser reconocido por la gente que lo quiere. Cuando se comporte de la manera que usted espera, celébrelo, felicítelo por sus logros, manifieste el cariño que le tiene y lo orgullosa que se siente. Es seguro que repetirá una experiencia tan agradable.

EL BEBÉ DE NUEVE MESES

A los nueve meses, el bebé pasa una gran parte del tiempo moviéndose por toda la casa: gatea, se sienta, intenta levantarse del suelo. Es una temporada en la que practica todo lo que ya sabe hacer y donde descubre nuevas posibilidades como ponerse de rodillas o sentarse de lado.

Generalmente, es un niño muy simpático y amoroso con los padres mientras que sigue siendo reticente al contacto con otras personas.

DESARROLLO MOTRIZ

✓ Si está sentado se inclina hacia delante y pone las manos en el suelo con facilidad. Pronto controlará la posición del

trípode: se sienta, gira el torso y pone las manos en el suelo hacia uno de los lados.

✓ Si está cerca del algún mueble se levanta del suelo agarrándose de él pero se escurre con frecuencia.

✓ Cuando está boca abajo intenta levantar no solo el pecho y el vientre sino también las nalgas. Practica este ejercicio hasta que logra ponerse en posición de gateo.

✓ Es cuestión de tiempo que los músculos de las piernas y la espalda se pongan más fuertes y que aprenda a distribuir el peso del cuerpo entre las manos, los pies y las rodillas.

✓ Una vez que llega a controlar la postura en cuatro patas comenzará a balancearse hasta que encuentre el equilibrio. Al principio se balancea hacia delante y atrás, –quizá en el mes siguiente logre avanzar desde esa posición–, posteriormente logra balancearse a lado y lado. En los meses siguientes aprenderá a sentarse dejando caer el cuerpo de lado. Este es un movimiento necesario para que más tarde pueda levantarse sobre los pies.

✓ Si se le pone en posición vertical y se le sostiene de los brazos puede permanecer de pie durante algunos segundos. Este es un ejercicio que le ayuda a fortalecer las piernas pero que no conviene practicar en exceso. Aunque le gusta estar de pie no hay que forzarlo a mantenerse así con la intención de que camine más pronto.

✓ En cuanto al control de las manos, ya coge dos cosas distintas en cada mano y las golpea entre sí. La presión en pinza es cada vez más precisa: puede agarrar objetos cada vez más pequeños y empieza a construir sus primeras torres.

CARACTERÍSTICAS FÍSICAS

PESO

El peso de un bebé de nueve meses oscila entre los 7400 y los 8600 g. El peso medio de los varones es de unos 8400 g y el de las niñas de 8200 g. A lo largo de este mes aumentan, aproximadamente, unos 100 gramos por semana.

TALLA

En correspondencia con el peso anterior tenemos que un bebé de nueve meses mide cerca de 71 cm y las niñas entre 68 y 69 cm. Crecerán durante este mes unos 2 cm más.

ASPECTOS FUNCIONALES

VISTA

La vista se agudiza mucho más en este mes gracias a la capacidad que tiene el niño de agarrar con precisión objetos pequeños. Hasta hace poco tiempo le resultaban imperceptibles las cosas del tamaño de un botón o de una moneda, ahora siente especial predilección por los detalles. Cuando se le deja en el piso es capaz de observar con atención todo lo que encuentra y de llevárselo a la boca. Es preciso vigilarlo muy bien para que no corra peligro.

TACTO Y HABILIDADES MANUALES

El bebé de nueve meses tiene el tacto muy afinado y ha desarrollado notables avances en el control de las manos. Le gusta tocar distintos tipos de texturas. Para estimular su curiosidad conviene dejarle cerca materiales como corcho, cubos de madera o de plástico y juguetes de calidades variadas: lisos, rugosos, suaves, ásperos, etc.

El dominio de las manos le permite intercalar movimientos fuertes y enérgicos como golpear dos juguetes entre sí o batir palmas, con movimientos tan delicados y precisos como los de la prensión en pinza. Gracias a sus nuevas aptitudes aumenta su capacidad de aprendizaje. En esta temporada está experimentando juegos como: sacar e introducir juguetes en un recipiente de plástico, buscar objetos o construir sus primeras torres. Con este tipo de juegos aprende a reconocer conceptos tan importantes como cerca-lejos, adentro-afuera, arriba-abajo.

A esta edad identifica mejor las relaciones de causa y efecto. Esto se aprecia en actos como tirar de la manta para alcanzar un juguete que está sobre la cama o cuando tira del cordel de un carrito.

El bebé no intenta todos estos movimientos de forma simultánea, primero se interesa por una acción específica, por ejemplo, tirar un juguete lejos de sí; hasta que no lo domine por completo no querrá pasar a otro. Sus juegos en esta temporada son muy repetitivos. El niño no se cansa de jugar una y otra vez a la misma cosa hasta que pierde el interés e inicia, con el mismo entusiasmo, otra actividad.

Cómo estimularlo

Si le ofrece al niño distintas opciones, él experimentará con ellas a su propio ritmo. No conviene intentar que haga algo por lo que él previamente no demuestre interés. Lo que se puede hacer es dejar a su alcance distintos tipos de objetos que le resulten atractivos: recipientes de plástico transparente con algunos juguetes dentro, hojas de papel blanco –le encanta arrugarlas–, juguetes con cordel, aros de apilar y piezas de construcción. Cuando escoja algo enséñele qué tipo de cosas puede hacer. Si, por ejemplo, siente curiosidad por los aros de apilar, juegue con él y muéstrele la forma de acoplarlos, él observará con mucha atención e imitará lo que ve. El bebé vive con mucha intensidad sus juegos y le encanta que celebren sus logros.

Oído

Ya puede percibir sonidos ten delicados como el tic tac de un reloj o la melodía de una cajita de música que suena en otra habitación. Se dirige con mucha precisión al lugar de donde provienen los sonidos. Le agrada la música y los cuentos cantados.

Producir ruido es una de sus actividades predilectas: mueve el sonajero a voluntad, golpea un tambor y choca los juguetes entre sí. Hará sonar un xilofón si le muestran cómo hacerlo. También reconoce su nombre cuando lo llaman y responde con gritos y sonrisas.

GUSTO Y OLFATO

El bebé a los nueve meses acepta con facilidad sabores más complejos, como el de los zumos de frutas cítricas o el toque avinagrado de los yogures. Aunque a primera vista parece que los rechaza no es así. Hace muecas porque está estimulando otras áreas de la lengua. Durante los primeros meses tenía especial sensibilidad a lo dulce; las papilas gustativas que reconocen ese sabor están ubicadas en la punta de la lengua. Mientras que las que identifican el ácido se encuentran a los lados y las del amargo en la parte posterior. Dele a probar al bebé pequeñas cantidades de alimentos con sabores exóticos: kiwi, chirimoya, etc.

CAPACIDADES LINGÜÍSTICAS

El bebé ya tiene un gran repertorio de sonidos y tonos. Es muy probable que durante este mes encadene una misma sílaba y la repita, por ejemplo «dada», «baba», «gaga», etc.; este fenómeno conocido como la duplicación silábica lo acerca cada vez más a la estructura rítmica de las palabras. De momento él repi. esos sonidos sin asociarlos a ninguna cosa en concreto.

Además tiene una gran capacidad para imitar los sonidos que escucha. Le encanta jugar a repetir sonidos como la tos, los chasquidos, los estornudos y los besos. Es un mes en el que hace mucho escándalo, balbucea, grita, modula. Cuando está solo se entretiene articulando todos los sonidos que ya sabe hacer. Si está presente en una conversación quiere participar. Escucha atentamente cuando le hablan e intenta responder. Aunque todavía no pueda decir palabras, en el sentido estricto, sí se puede afirmar que dialoga porque ya entiende muchas de las palabras que utilizan los adultos. Puede reconocer también situaciones comunicativas dependiendo del tono de la voz y de la modulación. Reconoce, por ejemplo, el tono que acompaña las exclamaciones, las órdenes, las preguntas, las prohibiciones y las afirmaciones. Él intenta imitar el ritmo de las frases e intercala carcajadas, balbuceos y palmas. Disfruta mucho de este tipo de intercambio y ríe a carcajadas cuando juega con sus padres.

Para estimular sus capacidades lingüísticas repita los sonidos que él articula y dígale rimas sencillas o trabalenguas.

ASPECTOS SOCIALES

La etapa de extrañamiento con los adultos continúa pero la resistencia irá disminuyendo en los meses siguientes. De momento le interesan más los otros bebés aunque no intente todavía jugar con ellos. Le basta con acercarse a ellos para mirarlos más de cerca, para tocarlos e investigar. Si todavía no va a la guardería es preciso encontrar un espacio donde se relacione con otros bebés. El contacto con otros chiquillos de distintas edades le ayuda a socializar.

Observa con atención todo lo que sucede a su alrededor y trata de reproducirlo: si por ejemplo, alguien abre una lata de galletas, él querrá hacer lo mismo. Esta es otra forma de relación social que le permite integrarse y actuar en el medio de una manera cada vez más convencional. Si hay algo que no queremos que aprenda a hacer todavía, lo mejor es que no tenga posibilidad de verlo: encender o apagar electrodomésticos, usar encendedores, etc.

Recuerda cuando lo ha pasado bien y le da alegría volver a repetir la misma escena. Si, por ejemplo, hace poco lo llevó al parque y se divirtió mucho en los columpios, la próxima vez que vaya pedirá que lo vuelvan a subir.

Como ya es capaz de demostrar sus preferencias las relaciones sociales se hacen más ricas y equilibradas. Ya no está sujeto a la voluntad de los otros, él también quiere imponer la suya y participar. Este es un ingrediente fundamental para su madurez emocional.

Cuando juega o cuando realiza alguna acción de la que se siente orgulloso: levantarse del suelo, por ejemplo, busca con la mirada las señales de aprobación. Mira constantemente a los padres cuando está jugando para ver cómo reaccionan. Si encuentra una buena respuesta repite la acción. Con este procedimiento empieza a participar activamente de las relaciones sociales: es consciente de que sus actos influyen en los demás.

Él, por su parte, demuestra cuán satisfecho se siente de poder hacer algunas cosas por su cuenta: ir a buscar sus muñecos, comer solo, encontrar los juguetes, etc. Va ganando confianza y lo disfruta.

NECESIDADES AFECTIVAS

El bebé necesita sentir que las personas que lo quieren lo apoyan y lo protegen, por eso busca constantemente su aprobación. Aunque hay muchas cosas que ya puede hacer por sí mismo, hay muchas otras que se le resisten. Tiene ataques de llanto cuando intenta hacer algo que le resulta especialmente difícil: construir una pequeña torre, por ejemplo, o cuando lo regañan por hacer algo indebido: morder, pegar o llorar para que le den algo. Aprender a tolerar la frustración es muy importante para su desarrollo. Está empezando a reconocer que no siempre puede conseguir lo que se propone.

Como su capacidad de aprendizaje es mayor necesita ver cómo funcionan las cosas, y espera que sus padres le muestren la forma correcta de hacerlo, tantas veces como haga falta. La repetición le ayuda a fijar los procedimientos. Si los padres se muestran impacientes por el comportamiento del bebé aumentará su sensación de impotencia. Lo mejor es tranquilizarlo e invitarlo a probar una vez más celebrando cada pequeño logro.

El niño a esta edad necesita estar en constante actividad, su capacidad para recordar es ahora mayor y eso acompañado por el ejercicio de su autonomía le permite comprender mejor las cosas. Si no se le ofrecen oportunidades para aprender se aburre y llora. No le gusta pasar el tiempo solo. La vida en familia, los juegos compartidos son el mejor estímulo que se le puede ofrecer.

Es con sus padres con quien el bebé se siente más cómodo y seguro. Se resiste a entrar en contacto con los adultos porque comprende que son distintos. Resulta contraproducente para él que lo obliguen a socializar con quien no tiene confianza. Si el niño no quiere hay que respetar su decisión.

Ya llegará la edad en que se relacione con los demás sin que medie el temor o la sensación de abandono.

Gracias al vínculo afectivo que ha construido con sus padres es muy receptivo a las emociones que ellos viven. Es capaz de ser empático. Si ve que mamá está triste se entristecerá y si ella está contenta él compartirá su alegría. Este matiz en sus relaciones afectivas es muy importante: deja momentáneamente de ser el centro del mundo y empieza a identificarse con los sentimientos de otra persona.

NECESIDADES ALIMENTICIAS

Hace unas 4 comidas diarias. Las tomas de leche son de aproximadamente 220 a 240 ml.

Como ya acepta una gran variedad de alimentos sólidos se pueden ir ajustando las pautas de alimentación para preparar el destete definitivo. Para empezar, ofrézcale el pecho o el biberón en tres de las cuatro comidas: la de la mañana, la merienda y la de la noche. Reemplace la toma del medio día por cereales y verduras, y, a media tarde, dele una pequeña merienda de fruta o queso. Recuerde que a esta edad ya puede comer alimentos con gluten.

ALGUNAS RECOMENDACIONES PRÁCTICAS A LA HORA DE COMER

✓ Deje que el bebé coma todo lo que pueda con sus propias manos y luego ofrézcale usted un poco de comida con la cuchara. Conviene que el niño tenga una cuchara suya sobre la trona para que se anime a cogerla. Aunque todavía falta mucho para que pueda usarla con precisión, pronto empezará a tratar de usarla. Con esa práctica irá ganando coordinación y tendrá mejor control sobre los movimientos de la mano.

✓ Es muy importante que aprenda a comer por sí mismo. Si siempre le dan la comida dejará de hacer cosas que ya puede hacer.

✓ Esté preparada para que el bebé se ensucie mientras come. A la hora de comer es preciso mantener la calma: el niño juega con la comida porque esa es su forma de aprender, se ensucia porque todavía no controla bien los movimientos. Lo único que se puede hacer es prever el desorden y tolerarlo: póngale un babero grande o una camiseta vieja, y ponga unas hojas de periódico o un plástico debajo de la trona para facilitar la limpieza.

✓ Si el niño se resiste a probar algún alimento no lo fuerce. La diversificación alimentaria ha de ser paulatina. Si el niño se siente obligado reaccionará negativamente y, si eso continúa, la hora de la comida puede llegar a convertirse en una verdadera batalla campal. Él, a su propio ritmo, irá aceptando los nuevos alimentos.

✓ Recuerde que para alimentar a un bebé se requiere de una gran dosis de paciencia. Es muy posible que toda la familia acabe de comer, sin que el niño haya probado bocado por su cuenta y que, aun así, siga negándose a aceptar la primera cucharada. Él no tiene afán de terminar pronto. Se toma su tiempo para mirar, balbucear, y jugar. Le gusta comer lentamente y detesta que le pongan una gran cantidad de alimento en la boca.

NECESIDAD DE DESCANSO

Las pautas de sueño se van acercando cada vez más a las del resto de la familia. En este mes suelen dormir unas 14 horas a lo largo del día. Por lo general duermen entre 10 y 12 horas por la noche, y uno o dos periodos de descanso diurno.

NECESIDADES FISIOLÓGICAS

A medida que el niño se acostumbre a las tres comidas diarias sus deposiciones se irán regularizando.

Las emisiones de orina continúan siendo completamente involuntarias. Orina menos veces pero en mayor cantidad ya que el tamaño de la vejiga ha aumentado. Así que los cambios de pañal son menos frecuentes.

Si se presenta algún cambio drástico en la calidad o cantidad de las heces, acompañado de síntomas como malestar, dolor, fiebre o inapetencia no dude en consultar con el pediatra.

CUIDADOS

AYUDAR AL BEBÉ A PONERSE DE PIE

Es posible que se pueda poner de pie pero seguramente no sabrá cómo volver a sentarse y quizá llore buscando ayuda para volver a la posición original. Si se está atento a esta petición se sentirá más seguro y volverá a intentarlo rápidamente; si se le deja solo llorando puede que no le guste esa sensación y se lo piense mejor antes de volver a intentarlo. Es muy común que los niños de esa edad tengan una especie de vértigo, el cambio de perspectiva les puede producir miedo y malestar. Una vez que domine la postura de pie y para que logre mantenerla, es indispensable que ejercite los músculos de la espalda y de las piernas y que mejore el sentido del equilibrio.

¿Qué hacer?
✓ Cuelgue sobre el parque o sobre la cuna algún juguete que llame la atención del niño: un móvil o un muñeco

musical. No lo deje a mucha distancia, de manera que el niño al ponerse en pie pueda alcanzarlo para jugar.

✓ Si el niño muestra interés por levantarse del suelo ofrézcale de vez en cuando su ayuda.

✓ Una variación al juego del escondite puede resultar muy útil para invitarlo a levantarse del suelo. Deje al niño en el suelo, al borde de la cama, escóndase debajo de las mantas y llame al bebé. Tirará de las mantas y se pondrá en pie para tratar de verla.

INCIDENTES Y PREOCUPACIONES MÁS FRECUENTES

DESTETAR AL BEBE

Como ya hemos dicho en los capítulos anteriores la decisión de amamantar al bebé depende de las necesidades específicas de la madre y a la disponibilidad que ella tenga para hacerlo pese a sus ocupaciones. Si se sigue el ritmo natural del bebé es posible que continúe pidiendo pecho hasta casi los dos años, un periodo de tiempo que para algunas madres resulta verdaderamente excesivo. Entre los nueve y los doce meses, aprovechando que el niño ya come sólidos, son muchas las madres que deciden dejar de dar pecho al bebé. En este periodo la necesidad de leche disminuye ya que el niño va supliéndolas con los otros alimentos. Lo que no mengua es la necesidad de afecto ni la sensación de seguridad que le brinda un contacto tan íntimo con la madre. El destete se tiene que hacer de forma gradual intentando que el cambio sea apenas perceptible. Al principio se le debe dejar de ofrecer alguna de las tomas semanales, nunca la de la noche ni las que el bebé solicita cuando vive situaciones de temor o de dolor físico. En estas ocasiones puede que el niño no encuentre otro consuelo distinto al que le ofrece el pecho de mamá. Si se le niegan ese tipo de tomas el bebé se siente infeliz: cree que está siendo alejado de la madre sin que llegue siquiera a comprender el motivo. Afortunadamente, en este periodo las madres disfrutan de un contacto privilegiado con el bebé. Como ya no está sujeto a una necesidad imperiosa de comer pueden disfrutar de la cercanía y demostrarse su mutuo afecto.

Poco a poco se irán reemplazando las tomas diurnas por otros alimentos sólidos hasta que, casi al año, el niño se consuele solo con la toma nocturna. Mientras se introducen estos cambios se ha de estar muy al tanto de que el bebé se sienta lo suficientemente mimado y cuidado a pesar de que no tome el pecho.

Sobra decir que también son muchas las madres que no destetan al bebé hasta que, prácticamente, él lo decide. Una opción tan válida como la que aquí exponemos y quizá más enriquecedora del vínculo madre-hijo.

LA ANGUSTIA DEL BEBÉ

El estado de angustia en un bebé está directamente relacionado con el temor a perder contacto con la madre. Como veíamos en el mes anterior, el bebé vive la crisis de la separación y reacciona negativamente en presencia de extraños. Los padres consultan con frecuencia porque sus bebés necesitan constante atención; lloran si la mamá se aleja, la persiguen por toda la casa; duermen mal o se despiertan llorando.

Si el niño ya va a la guardería o si está al cuidado de una niñera establecerá ese mismo tipo de pautas con la figura que sustituye a la madre. Es una reacción normal por los cambios que el niño experimenta a medida que crece.

Las madres a su vez pasan por un periodo de crisis ante el comportamiento del bebé. Se dan cuenta de que el niño es cada vez más independiente, que ha dejado de ser un pequeño indefenso y que está cambiando constantemente, pero no se explican por qué de repente necesita de tanta atención. Cuando el niño reacciona mal, ellas se preocupan, se sienten mal y en ocasiones se culpabilizan.

El camino hacia la independencia les cuesta a los dos, pero, es la madre quien, en pro del crecimiento de su hijo, va enseñándole a comprender que el hecho de que ella no esté siempre ahí no significa que deje de quererlo.

El bebé a esta edad tiene muy poca paciencia. No sabe esperar ni tolerar cuando sus deseos se ven insatisfechos. Cuando solicita atención de la madre la quiere de inmediato, sin dilación alguna, mientras que ella debe tratar de insistir en enseñarle a ejercer su independencia y a fortalecer sus progresos. Ella sabe que el niño tiene que madurar emocionalmente y tiene que aprender a superar el temor del abandono. Cuanto más angustiada se muestre, peor será el momento para los dos. No debe olvidar que esos momentos de crisis son transitorios, necesarios e imprescindibles.

Pero ¿qué hacer para facilitar este momento?

✓ Cuando el niño juegue, hable con él a pesar de que no la vea. Gracias a la voz, el niño puede saber que no está solo y que la persona que lo quiere está en contacto con él. Si está gateando y buscando un juguete, sin mirarla, anímelo a seguir, tranquilícelo cuando lo note ansioso y hágale saber lo orgullosa que se siente. El contacto verbal opera como un reemplazo del contacto físico y visual propio de los primeros meses.

✓ Trate de incentivar su autonomía dejando a su disposición elementos que le llamen la atención. Si se le ofrece apoyo y estímulo suficiente él irá superando poco a poco la angustia.

TEMORES NOCTURNOS

Algunos bebés de esta edad empiezan a experimentar ciertas alteraciones del sueño y se despiertan asustados a media noche. Al parecer sus temores diurnos tienen eco durante el sueño. Si el niño está pasando por el periodo de angustia por la separación es muy común que, por la noche, reaparezca el sentimiento que teme.

En esos momentos el niño necesita compañía y consuelo. Entre en la habitación sin hacer ruido, háblele en voz muy baja y mímelo un poco, sin sacarlo de la cuna, acompáñelo mientras vuelve a conciliar el sueño. Si la escena se repite con mucha frecuencia se ha de ir aplazando, lentamente, el momento de ir a consolarlo. Espere al principio 1 o 2 minutos, y vaya aumentando ese periodo. Deje en la habitación del bebé una luz muy suave para que no se asuste con la oscuridad.

El ritual antes de dormir también le ayudará. Los abrazos y caricias antes de llevarlo a la cama lo harán sentir más reconfortado y seguro. No olvide dejar en la cuna la mascota afectiva del bebé. Si se despierta encuentra en esa compañía una fuente de consuelo y de seguridad. Es posible que pasadas las peores crisis logre reconciliar el sueño él solo si está en compañía de un objeto tan querido.

TEMA DESTACADO

MOTRICIDAD FINA Y MOTRICIDAD GRUESA

Sea este el momento de hacer un recuento del tipo de avances que el bebé ha realizado hasta el momento y de los que se espera que haga en los meses siguientes.

Si se mira atrás para recordar los primeros días del bebé se hace evidente que el niño está en el proceso de controlar su cuerpo. De una parte, ha desarrollado la motricidad gruesa, es decir, que ha aprendido a hacer movimientos amplios que implican la actividad de los huesos y de músculos: levantar la cabeza, sentarse, o gatear, por ejemplo. Y también ha ido ejercitando la motricidad fina, es decir, que ha aprendido a usar las manos, cada vez de forma más coordinada y delicada.

Veamos cómo ha sido su evolución:

MOTRICIDAD FINA

La capacidad de manipulación empieza a hacerse evidente cuando el niño abre las manos, esto sucede cerca de los tres meses. Por esta época se empieza llevar también la mano a la boca.

Finalizando el tercer mes y durante el mes siguiente el niño observa sus manos y juega con ellas.

Poco después el bebé empieza a agarrar algunos objetos y afina esa nueva capacidad.

Entre los 5 y los 6 meses abandona un poco la curiosidad por las manos. Coge los juguetes y los chupa. En este periodo le llaman la atención sus pies. Se los mira, se los lleva a la boca.

En los dos meses siguientes (6 y 7) logra pasarse los juguetes de una mano a la otra. Ya no necesita utilizar las dos manos para agarrarlos.

Entre los 8 y los 9 meses el niño pasa de coger las cosas con toda la mano y empieza a sujetar los objetos entre la base del índice y el pulgar.

A los 9 meses ya puede poner los objetos con cierta precisión: compone torres y las desbarata. Deja caer las cosas a voluntad.

En el décimo mes ya es muy hábil con las manos. La prensión en pinza es cada vez más precisa. Coge las cosas juntando la punta de los dedos medio, índice y pulgar.

A los 11 meses es capaz de entregar sus juguetes y de señalarlos. Utiliza toda la mano para mostrar lo que desea alcanzar.

A los 12 meses ya utiliza solo el índice y el pulgar para agarrar cosas muy pequeñas y sabe adaptar la mano al tamaño de los objetos.

MOTRICIDAD GRUESA
Dominio de la cabeza

Durante los tres primeros meses los músculos del cuello se fortalecen hasta que el niño logra sostener completamente el peso de la cabeza. Logrará tal dominio, más o menos, al cuarto mes cuando ya puede mantener la cabeza en la línea media del cuerpo desde cualquier posición.

A los 4 meses aproximadamente ya puede soportar parte de su peso sobre las piernas.

Los primeros movimientos autónomos son los giros. Entre el 5º y el 6º mes el niño acostado boca abajo puede darse la vuelta. Gira hasta quedar boca arriba.

Aproximadamente entre los 6 y los 8 meses puede mantenerse sentado sin ayuda y empiezan sus primeros intentos por desplazarse sobre el vientre.

Sentado se mantiene en posición recta y puede girarse hacia uno y otro lado sin perder el equilibrio. Terminando este periodo intenta ponerse en pie apoyándose en los muebles.

Cerca de los 9 meses se inicia el gateo propiamente dicho. Ya puede mantenerse más tiempo en pie.

A los 10 meses gatea con facilidad y es capaz de superar los pequeños obstáculos que encuentra a su paso. Se pone de pie con facilidad y se mantiene en esa postura durante algunos segundos.

En el mes 11 posiblemente intente desplazarse lateralmente agarrado de los muebles. Una vez afinada esa habilidad camina de frente buscando el punto de apoyo con una sola mano.

A los 12 meses su musculatura está más desarrollada. Se sienta y se levanta del suelo con facilidad, se desplaza con mayor rapidez a lo largo de los muebles y es posible que se aventure a dar los primeros pasos. No todos los niños lo harán en el mismo momento, algunos lo harán más tarde o más temprano. Llegarán a caminar entre los 12 y los 15 meses aproximadamente.

EL BEBÉ DE DIEZ MESES

A los diez meses, el bebé está en constante actividad. No para. Gatea por toda la casa, trepa, sube escaleras, construye, juega y ríe con entusiasmo. Uno de los avances más significativos en esta edad es que ha aumentado notablemente la capacidad de concentración: el niño ya no se fija solo en una cosa, es capaz de atender más cosas a la vez, comer y escuchar un cuento, caminar cogido de la mano, llevar un osito en la mano y mirar algo que le llama la atención. Su maduración emocional y física lo han convertido en un ser activo que quiere participar de la vida en familia y que se siente más seguro de sí mismo.

DESARROLLO MOTRIZ

✓ El bebé de 10 meses ya domina los desplazamientos propios del gateo y es capaz de superar algunos de los

pequeños obstáculos que encuentra a su paso. Experimenta con sus nuevas posibilidades de movimiento. Tiene mucha energía para explorar el mundo que lo rodea, se mueve con agilidad y rapidez.

✓ Con un mínimo de esfuerzo pasa de estar acostado a sentarse. Cuando logra sentarse mantiene la espalda recta y las piernas extendidas y puede girarse hacia un lado u otro sin perder la estabilidad.

✓ Cuando está gateando para y se sienta cada vez con mayor soltura. Hace una torsión en los músculos de la cadera, dobla una de las piernas y deja caer el peso del cuerpo hacia el mismo lado. Una vez así levanta las manos del suelo y pone la espalda recta.

✓ Acto seguido, empezará a explorar las distintas posibilidades que le ofrece el gateo: planta una rodilla o apoya las manos sobre las paredes o muebles hasta que descubre la posición de rodillas. De allí pasa rápidamente a levantarse: adelanta una de las piernas y eleva el tronco con ayuda de los brazos. Logra ponerse de pie y permanecer así varios segundos. La cantidad de tiempo que logre permanecer de pie depende de la fuerza que tenga en los músculos de la espalda y de las piernas.

Aunque ya ha aprendido a subir escaleras, gateando, es posible que todavía no sepa bajarlas. Está empezando a dejarse resbalar hacia atrás.

Las escaleras les atraen mucho porque son un excelente punto de apoyo cuando quieren ponerse de pie.

CARACTERÍSTICAS FÍSICAS

PESO

Al iniciar el décimo mes el peso promedio de los bebés oscila entre 7600 g y 8800 g. Los varones pesan, aproximadamente, 8680 g y las niñas unos 8480 g. A partir de este mes los bebés aumentan de peso más lentamente. Tienden a subir unos 70 gramos semanales.

TALLA

En correspondencia con el peso, la talla de un bebé de 10 meses va, más o menos de unos 69 a 74,5 cm. La talla media de un niño es de unos 72,5 cm y la de las niñas de apenas 1 o 2 centímetros menos.

ASPECTOS FUNCIONALES

VISTA

Las habilidades manuales están estrechamente relacionadas con la evolución y perfeccionamiento del sentido de la vista. En este último trimestre el bebé agudiza la visión, hasta que logra percibir objetos muy pequeños desde cierta distancia, reconoce los detalles e identifica las cosas a pesar de no verlas por completo.

Una vez se levante del suelo y contemple el mundo desde arriba podrá percibir cosas que antes no veía. Tendrá mejor ubicación espacial y podrá calcular mejor las distancias.

TACTO Y HABILIDADES MANUALES

Tiene la capacidad para coger dos objetos pequeños en una sola mano. Es común que intente agarrar dos pequeños cubos de construcción o dos aros.

Es posible que use más una mano que otra pero eso todavía no quiere decir que sea diestro o zurdo.

Está aprendiendo a lanzar juguetes y a perseguirlos. Siente especial predilección por los juguetes que ruedan por el suelo: pelotas, cochecitos.

Hace movimientos tan precisos como abrir cajas pequeñas, cajones y portezuelas. Ya que está en una época en que quiere explorarlo todo, conviene extremar las precauciones y guardar bajo llave sustancias peligrosas como limpiadores, detergentes, perfumes, etc.

✓ Una vez que sepa destapar recipientes intentará la acción contraria. Si le ofrecen cacharros de plástico con tapa pasará largos ratos abriéndolos y cerrándolos.

✓ En esta temporada ya maneja con cierta destreza los juguetes de construcción y le encantan los juegos de encajar: puzzles y tentetiesos.

OÍDO

En esta etapa el bebé puede distinguir una mayor variedad de ritmos y sonidos. Disfruta mucho con los juguetes musicales, las canciones y las rimas e intenta producir música por su propia cuenta. Palmea, canturrea, mueve los sonajeros, baila y golpea los juguetes entre sí.

De otra parte, puede entender el significado de la palabra «no» y es posible que comience a utilizarlo aun sin comprender sus efectos prácticos.

Reacciona al oír su nombre, gira la cabeza y se dirige hacia donde lo llaman.

Aunque todavía no hable sí que comprende el significado de muchas palabras y de un buen número de situaciones comunicativas: saludar, despedirse, preguntar, etc.

OLFATO Y GUSTO

Gracias a los nuevos alimentos de la dieta es fácil seguir estimulando tanto el sentido del gusto como el del olfato. En esta edad por ejemplo el niño acepta mejor el sabor ácido que caracteriza los yogures y las bebidas lácticas. Deje que el niño la acompañe mientras cocina, los olores de los alimentos crudos y la transformación que sufren al ser cocidos son un laboratorio más que suficiente para estimular sus sentidos. Acérquele productos diversos para que los huela o los pruebe: especias, frutas, verduras. Enséñeles su nombre y háblele de sus características. «Esto es canela, es dulce, etc.» «Este limón está muy ácido, etc.» De ese modo el bebé amplía su mundo, conoce nuevos sabores y aprende sobre ellos.

CAPACIDADES LINGÜÍSTICAS

Es muy bueno a la hora de reproducir sonidos. Hace variaciones con sonidos monosilábicos, también le gusta repetir las sílabas que ya sabe pronunciar a la perfección. A los pocos días irá mezclando las sílabas que conoce, «ga, gu» «ha he». Esta nueva combinación es un paso previo a la emisión de las primeras palabras y están dotadas de una alta intención comunicativa: son expresivas y ricas. Es posible que ya desde el noveno mes pronuncie consonantes bilabiales como la *m*, la *n* y la *p*.

Puede que diga su primera cuasi-palabra en este mes o en el mes siguiente. Depende de lo que oiga y de los sonidos que le queden más fácil de repetir: «mamamma», «nenene».

Empieza a utilizar algunos sonidos especiales para llamar a las cosas: «ma» para muñeca, «te», para el biberón, por ejemplo. Al principio suele ser una capacidad nominativa muy arbitraria pero con el paso de los días adjudicará un sonido específico a cada cosa.

Falta muy poco tiempo para que el bebé diga su primera palabra. Para animarlo, háblele con frecuencia e introduzca paulatinamente nuevas palabras de modo que pueda ampliar su vocabulario. Señálele los objetos y nómbrelos, así los identificará con facilidad. Es un buen momento para jugar a nombrar las partes del cuerpo y para ver juntos libros de cuentos o de fotografías que contengan escenas de la vida cotidiana.

ASPECTOS SOCIALES

En esta temporada aumenta la capacidad imitativa del bebé, gracias a ella va comprendiendo los mecanismos que operan en las relaciones sociales. Sabe que sus actos tienen efecto en el mundo exterior, así que hace cosas a propósito solo para que los otros lo vean y lo celebren. Si baila y los padres disfrutan con ello, entenderá que esa es una forma de complacerlos y seguramente repetirá la escena solo para verlos reír.

Como ahora tiene mayor concentración y memoria puede prever con mayor facilidad la rutina diaria y empieza a ponerse contento antes de que las cosas sucedan. Ver confirmadas sus expectativas le aporta seguridad y confianza.

Es posible que a esta edad empiece a tratar de hacer las cosas por su cuenta. Intentará ponerse el champú él solo, o quitarse los calcetines sin ayuda. Esto forma parte de su normal desarrollo. Ha visto tantas veces hacer esos gestos que lo más normal es que intente reproducirlos. Es probable que aumente considerablemente la cantidad de tiempo que dedicaba a estas labores. Cada día es más difícil que se deje vestir, peinar o lavar. Hay que disponer de un poco más de tiempo para que, tanto los padres como el niño, disfruten de esta nueva etapa.

Su comportamiento frente a los extraños empieza a cambiar. No hace contacto de inmediato. Espera un poco a entrar en confianza con la persona que no conoce y, luego, hace acercamientos tan sutiles como entregarle un juguete. Mientras más seguro se sienta con su independencia, más tranquilo estará en presencia de otras personas. Por eso conviene integrar al niño en la vida social de la familia. Ver adultos y niños que no pertenecen a su círculo íntimo le ayuda a integrarse, siempre que no se le fuerce a relacionarse con ellos. Pasado un tiempo, él, por sí solo, buscará alguna manera de llamar la atención y hasta puede que se anime a jugar con alguien que no ha visto nunca.

NECESIDADES AFECTIVAS

Todos los desvelos y cuidados de los padres se verán gratamente recompensados por las manifestaciones de afecto que el bebé les prodiga. Descubren maravillados que el niño ya no es solo un receptor de su cariño. Ha aprendido a manifestar su amor y ternura con caricias y abrazos. Desde este momento el niño expresará sus emociones cuando sienta deseos de hacerlo. Le encanta mimar y ser mimado. Ahora sabe que esas muestras de amor hacen muy felices a sus padres. Se siente muy a gusto con esa nueva sensación. Este tipo de manifestaciones forman parte de su maduración emocional y suelen intercalarse con el aspecto contrario. La autonomía del bebé pasa también por aprender a sobrellevar las frustraciones que surgen en el trato con sus familiares. Cuando se le lleva la contraria o no se le satisface se pone furioso e intransigente. Es indispensable que supere esos estados para que pueda configurar una imagen más ajustada de las personas que quiere. Esta pasando por una etapa afectiva más bien contradictoria, sobre todo, en lo que concierne a su relación con la madre. Si ella lo complace o lo mima la ve como una persona buena, pero, cuando sucede lo contrario, la ve como una persona mala que no le hace caso o que se opone a sus deseos sin razón. Estos dos sentimientos opuestos irán matizándose con el tiempo. Es inevitable que el bebé experimente sentimientos negativos. Necesita vivir esa experiencia para madurar. Cuando la supere irá acomodando la imagen de su madre a la de un ser integral que le proporciona seguridad, amor y confianza pero que también está allí para poner límites y educar.

A lo largo de esta temporada aprenderá a sobrellevar mejor el alejamiento de la madre. El niño ya sabe que la madre se va y regresa, que continúa existiendo a pesar de que él no la vea. El reconocimiento de este tipo de relaciones de causa y efecto tiene un recorrido más o menos identificable. Si en el trimestre anterior el juego del escondite le permitía interiorizar estos conceptos, en este periodo continúa comprendiéndolos gracias a juegos como tapar y destapar cajas, o, abrir y cerrar puertas y cajones.

En cuanto a la construcción de la imagen de sí mismo tenemos que un bebé de diez meses ya conoce mejor su cuerpo pero todavía no se identifica en el espejo. El bebé de la imagen le genera curiosidad. Observa con atención, se acerca, toca y sonríe pero no se reconoce.

NECESIDADES ALIMENTICIAS

La mayoría de bebés a esta edad hacen entre 4 y 5 comidas diarias: desayuno, comida, cena y dos meriendas.

Si se le está destetando puede que ya haga solo 1 o 2 tomas de leche al día, preferentemente la de la noche y la primera comida del día, dejando los alimentos sólidos para las meriendas y la comida del medio día.

Si ya no toma pecho es recomendable darle tres comidas acompañadas de zumo o leche; y dos meriendas, una por la mañana y otra a media tarde. Probablemente el niño pida un biberón antes de dormir.

A esta edad el bebé ya conoce y acepta una gran cantidad de alimentos que le proporcionan los nutrientes necesarios para crecer. Ahora se puede introducir yema de huevo, yogures y algunos quesos semicurados bajos en sal. Algunos bebés rechazan el huevo pero mientras consuman habitualmente carne, jamón dulce, pollo, pescado o productos lácteos no hay que preocuparse. Sus necesidades alimenticias estarán cubiertas. Los pediatras aconsejan no darle al niño más de 2 huevos a la semana.

NECESIDAD DE DESCANSO

Las pautas de sueño del último trimestre no suelen ser muy variables. El niño duerme entre 12 y 14 horas. Por lo general duerme toda la noche sin despertarse y hace dos siestas a lo largo del día.

Si se despierta demasiado temprano hay que ajustar paulatinamente los periodos de las siestas. No lo despierte antes porque es posible que no haya descansado lo suficiente y se muestre irritable y quisquilloso. Lo indicado en estos casos es intentar distraerlo antes de que se duerma. Al principio ofrecerá cierta resistencia pero cada vez dormirá un poco menos. La idea es reducir sus siestas a una 1 hora u hora y media máximo, y que recupere sueño durante la noche.

Basta con reducir la siesta unos cinco a diez minutos a la semana: al cabo de un mes se despertará un poco más tarde. Si a pesar de los ajustes continúa levantándose demasiado pronto deje en la cuna juguetes con los que pueda distraerse. Mientras el niño no llore, no tiene necesidad imperiosa de consuelo ni de compañía. Si usted acude de inmediato en cuanto lo siente despierto, él se acostumbrará a su presencia y evitará distraerse por sí solo, a pesar de que ya está en condiciones de hacerlo. Tampoco conviene trasladarlo a la cama de los padres, asumirá ese hecho como una rutina encantadora de la que no querrá desprenderse.

NECESIDADES FISIOLÓGICAS. ÚLTIMO TRIMESTRE

Ahora que el bebé come todo tipo de alimentos sólidos, y que los acepta sin problema, sus necesidades fisiológicas se harán más estables. Si está acostumbrado a hacer tres comidas al día y a tomar leche, ensuciará los pañales con regularidad. Por la noche necesita de más protección porque pasan muchas horas tras la última comida. Los pañales de celulosa especiales para la noche son de gran ayuda porque absorben el exceso de líquido sin que lleguen a producirse irritaciones. Con esto se evita tener que despertarlo para cambiarle el pañal.

CUIDADOS

AYUDARLE A MEJORAR EL EQUILIBRIO

Desde que el bebé empieza a explorar la posición de rodillas se le puede ayudar a mejorar su sentido del equilibrio. Cuando el bebé esté en esa posición, cójalo de las manos y balancéelo hacia los lados, o, póngale una mano en el pecho mientras lo empuja, suavemente, hacia delante, con la otra, verificando, eso sí, que la espalda permanezca recta.

✓ Ofrézcale las manos para que se ponga en pie y muéstrele la manera de aferrarse a los bordes de los muebles o al correpasillos. Si el bebé pierde el equilibrio recíbalo en brazos y tranquilícelo. Sentirse seguro y protegido le ayudará a intentar el movimiento por sí solo.

✓ Cargue al bebé en brazos y juegue con él: haga unos cuantos giros, de pequeños saltos en el mismo lugar, sosténgalo por debajo de las axilas y mézalo en el aire. Todos estos movimientos se han de hacer muy lentamente. La idea es que el niño se sienta cómodo y disfrute.

ENSEÑARLE A BEBER EN TAZA

Una parte fundamental del destete es que el bebé aprenda a beber en taza. En esta etapa ya tiene el suficiente dominio de las manos como para empezar a introducirla sin mayores inconvenientes. Las más indicadas para esta etapa son las que tienen pitorro y dos agarraderas. Al principio puede dejarle una taza dentro de sus juguetes de modo que se familiarice con ella.

Si el niño ve cómo usar la taza le resultará mucho más fácil aprender a usarla. Muéstrele como sostenerla con las dos manos y, a la hora de las comidas, déjela siempre sobre la trona. La curiosidad lo llevará a agarrarla e intentará beber.

Tenga en cuenta que los primeros días tirará el contenido con facilidad. No ponga mucho líquido en la taza. Aprender a controlar la cantidad de agua que puede tomar sin atragantarse es un proceso lento. Dele de beber pequeños sorbos y déjele tiempo suficiente para tragar entre sorbo y sorbo.

Si el niño rechaza la taza no lo obligue. Si está acostumbrado al pecho o al biberón es normal que al principio se niegue a usarla. Deje pasar unos días antes de volver a intentarlo.

Si está destetando al bebé definitivamente, empiece a darle de beber en taza a la hora de la comida. Mantenga ese mismo esquema durante unas dos semanas, y después ofrézcale también la taza durante el desayuno o la merienda de la mañana y por último, a la hora de la cena. Los cambios han de ser graduales para que no haya lugar a un rechazo rotundo. Recuerde que el alimento del bebé está también asociado a sus necesidades afectivas así que puede que durante el destete el niño requiera más mimos, caricias y abrazos.

INCIDENTES Y PREOCUPACIONES MÁS FRECUENTES

LOS SUPLEMENTOS VITAMÍNICOS

Algunos padres se muestran muy preocupados porque el bebé rechaza cierto tipo de alimentos o cuando, al parecer, come demasiado poco y consultan con frecuencia sobre posibilidad de ofrecerle suplementos vitamínicos. Antes de optar por esta vía hay que analizar, en realidad, qué tanto está comiendo el bebé y si su ritmo de crecimiento es estable. Solo tras una revisión médica se puede saber, a ciencia cierta, si el bebé se desarrolla de una forma correcta. Puede que en ocasiones el bebé coma menos de lo acostumbrado o que rechace algunos alimentos simplemente porque no le gusta su sabor. Esto no es sinónimo de déficit alimentario. En principio, mientras aumente gradualmente de peso y consuma una dieta rica y variada no habría necesidad de darle suplementos alimenticios.

Si el pediatra encuentra al bebé bajo de peso seguramente le recetará vitaminas A, D y C. En la temporada fría también es frecuente que los bebés necesiten consumir un poco más de vitamina D.

SUSTANCIAS TÓXICAS

A pesar de los múltiples cuidados que se tengan en el hogar, es posible que el niño llegue a consumir alguna sustancia tóxica.

En el hogar hay muchos productos de uso frecuente que implican un riesgo para la salud del bebé: medicamentos, detergentes, pinturas, disolventes, insecticidas, etc. Desafortunadamente, el bebé no está en capacidad de discriminar lo que puede probar y lo que no. La única solución es revisar, cada cierto tiempo, que ese tipo de productos estén en un lugar seguro y a ser posible bajo llave. No guarde este tipo de sustancias en las estanterías donde pone los alimentos y no utilice envases de refrescos para guardar restos de pintura o disolventes, por ejemplo.

Al comprar los productos cerciórese de que contengan información completa sobre sus componentes y su nivel de peligrosidad.

Conviene tener siempre a mano el teléfono de consulta

urgente del centro de intoxicación más cercano. Recibir información fiable en el momento oportuno es de vital importancia.

¿Qué hacer ante una intoxicación?

En primer lugar auxilie al niño rápidamente. Si todavía tiene restos de la sustancia en la boca haga que los escupa o trate de sacarlos con los dedos. Pida ayuda a terceros para que llamen a los servicios médicos, y siga paso a paso las instrucciones que le den.

Recuerde que no todas las intoxicaciones reciben igual tratamiento. Este depende del tipo de sustancias que el bebé consumió y de las reacciones que tenga.

✓ Si la intoxicación se debe a un producto como jabón de ducha, champú, desodorante o crema, dele una buena cantidad de agua (dos a tres vasos) para diluir el tóxico.

✓ En caso de que haya tomado un medicamento, y siempre que esté consciente y sin convulsiones, hay que tratar de que vomite introduciéndole los dedos en la garganta o utilizando una cuchara. Tras el vómito debe tomar uno o dos vasos de agua.

✓ Ante una intoxicación por derivados del petróleo, benzina, disolventes; o de productos que contengan soda cáustica o álcalis (los productos de limpieza para blanquear, desengrasar o eliminar manchas suelen contener este tipo de sustancias) no se le debe dar a tomar leche ni agua, a menos que se lo indiquen expresamente. Tampoco se le debe obligar a vomitar. Estos productos son muy agresivos y pueden causarle quemaduras internas. En este caso debe acudir sin dilación al servicio de urgencias más cercano cerciorándose de llevar el envase del producto.

Recuerde que el bebé necesita atención médica urgente si presenta cualquiera de los siguientes síntomas:

- Quemaduras en los labios o en la boca
- Babeo excesivo
- Dolor de garganta
- Dificultad para respirar
- Vómito
- Calambres estomacales
- Convulsiones
- Pérdida de la conciencia

TEMA DESTACADO

EL USO DEL ANDADOR

Muchos padres tienen la errónea creencia de que un andador ayudará a su hijo a aprender a caminar más rápidamente. Pero cuidado. Los andadores no solo retrasan este proceso, sino que entrañan una serie de peligros que deben tenerse en cuenta si se quieren evitar accidentes.

¿POR QUÉ NO ES RECOMENDABLE UN ANDADOR?

✓ A los ocho meses, un bebé ya puede estirar las piernas pero, antes de aprender a sostenerse sobre la planta del pie, pasa por un periodo de puntillas. El andador puede hacer que al niño le cueste más abandonar esa postura en puntillas.

✓ Los andadores retrasan la adquisición del sentido del equilibrio. Al usarlos, el bebé permanece sentado y no distribuye bien el peso del cuerpo entre la punta del pie y los talones. Además, se balancea solo hacia delante y hacia atrás, no tiene libertad de movimiento y no puede desplazarse lateralmente.

✓ Un bebé en un andador no puede practicar el movimiento de flexión de las rodillas y de la cadera para subir y bajar el cuerpo, ya que está siempre a la misma altura.

✓ Los andadores fortalecen los músculos de la pierna inferior, pero no ayudan al desarrollo de los músculos de la pierna superior y de la cadera. Debe ejercitarse sin ayuda de ningún aparato.

✓ La mayoría de los niños aprende a caminar sujetándose a objetos fijos, como sofás o muebles. Al ser móvil, el andador les genera sensación de inseguridad.

✓ Lo más aconsejable para un bebé, de entre seis y doce meses, es que juegue en el suelo, intentando movilizarse por su propia cuenta para que se sienta seguro y confíe en sus propias fuerzas.

ADVERTENCIAS

✓ Si el niño está en el andador hay que vigilar muy bien que no caiga o tropiece. Recuerde que con un andador, el bebé puede alcanzar velocidad rápidamente. Es más difícil reaccionar a tiempo frente a una caída.

✓ Una de las recomendaciones para evitar caídas es estar atentos a que el niño no tenga obstáculos con los cuales tropezar, como por ejemplo cables o juguetes. Cuando un niño está en un andador hay que extremar las precauciones si hay escaleras.

✓ Un niño en un andador puede alcanzar objetos a los que antes no tenía acceso. Hay que estar atentos sobre todo en el área de la cocina, donde el bebé puede tocar cosas calientes o volcárselas encima.

Según la Academia Americana de Pediatría, un 30% de los niños que usan andadores sufren accidentes serios.

CONSEJOS

✓ Si se ha optado por usar andadores, el tiempo que el niño los utilice diariamente debe ser moderado, es decir, por periodos de entre 30 y 40 minutos repartidos a lo largo del día. El correpasillos ofrece menos riesgos y ayuda al bebé a ganar confianza cuando intenta caminar. Si prefiere este aparato no deje que el bebé lo use por más de 15 minutos seguidos.

✓ Se aconseja que el andador tenga barrotes redondos para evitar que el niño se lesione.

EL BEBÉ DE ONCE MESES

El bebé de once meses es autónomo en sus movimientos. Es capaz de levantarse del suelo sin mayor esfuerzo. Se le ve muy concentrado en escalar las cortinas, los sillones y las camas sin que necesite la ayuda de sus padres. Toda esta actividad le sirve para fortalecer los músculos de las piernas y la espalda, al tiempo que aprende a distribuir el peso del cuerpo. Mejora la capacidad de mantenerse erguido.

DESARROLLO MOTRIZ

✓ Cuando está acostado boca arriba se puede sentar sin ninguna dificultad. Es un experto gateador capaz de superar los pequeños obstáculos que encuentra a su paso.

✓ Cuando un adulto lo agarra de las manos, el niño camina durante algunos minutos.

✓ Se levanta del suelo con facilidad apoyándose en los muebles, pero al principio le cuesta mucho trabajo volver a sentarse. Hasta que no aprenda a hacerlo necesita ayuda. La escena de levantarse, lloriquear para que lo sienten y volver a ponerse de pie es repetitiva. Pasados algunos días empieza a dejarse caer o escurrirse sin soltar el punto de apoyo. A partir de allí continuamente practicará los cambios de posición.

✓ Es posible que a los once meses el bebé empiece a moverse por el suelo, levantando las rodillas y distribuyendo el peso solo entre las manos y los pies. Es una variación del gateo que lo aproxima a la posición erguida. Posteriormente logrará mantenerse en cuclillas y desde ahí pasará a ponerse en pie sin necesidad de apoyarse.

✓ La motricidad fina es ahora más desarrollada. Agarra los objetos pequeños con la punta del índice y flexionando el pulgar. La manipulación es muy precisa: encaja objetos, abre y cierra cajas, y hasta es posible que logre hacer sus primeros trazos con un lápiz.

CARACTERÍSTICAS FÍSICAS

PESO

Al iniciar el undécimo mes el peso del bebé oscila entre los 7800 y los 9200 g. El peso medio de los varones es de unos 7960 g, y el de las niñas de unos 8760 g. Durante este mes aumentará aproximadamente 70 g semanales.

TALLA

En correspondencia con el peso anterior la talla de un bebé será de entre 69 a 75 cm. Un varón de once meses medirá aproximadamente unos 73,5 cm y una bebé medirá cerca de 72 cm.

ASPECTOS FUNCIONALES

VISTA

El bebé de once meses controla muy bien distintas posturas: se sienta, se acuesta, se mantiene en pie o gatea. Este control le permite ver los objetos desde distintos puntos de vista. La capacidad de observación está más agudizada: distingue las cosas a diferentes distancias; reconoce el tamaño y las características esenciales de los objetos: forma, color, textura. Tiene una mayor memoria visual y es capaz de anticipar los eventos de su rutina diaria.

A esta edad se observa las cosas con detenimiento y puede concentrarse más tiempo en una actividad. Le interesan los libros de fotografías, los móviles y los objetos que ruedan. Está muy interesado en comprender cómo y por qué se mueven las cosas: se emociona al ver girar una peonza, le gusta tirar del cordel de su carrito, y ver rodar una pelota, aunque todavía no pueda lanzarla por su propia cuenta.

TACTO Y HABILIDADES MANUALES

En este periodo el bebé tiene una intensa actividad manual. Su capacidad de manipulación le permite jugar con pequeñas piezas de construcción, con juguetes de ensamblar, con aros y con juguetes sonoros, entre otros.

A la precisión que ahora posee se suma una actitud más participativa. Desea hacer las cosas por su propia cuenta.

Se quita los calcetines, quiere coger el jabón y ponérselo él solo, no admite que le den de comer, etc. Logra hacer muchas cosas por sí solo pero no sabe cómo volver al estado anterior: no sabe cómo volver a ponerse los calcetines o la camisita que se quitó.

A lo largo de este mes será capaz de señalar las cosas que quiere y de utilizar las manos individualmente. Realiza dos acciones simultáneas; con una mano sostiene un juguete y con la otra lo golpea, o lleva el biberón en una mano mientras agarra su osito en la otra, etc.

Suelta los objetos a voluntad y comprende la mecánica de los juegos sociales de dar y recibir. Disfruta mucho cuando sus padres le piden algo que tiene en la mano.

Es posible que a lo largo de este mes pase solo las páginas de los libros y señale los dibujos que le gustan.

OÍDO

El bebé en esta edad imita todo lo que oye. Si alguien silba tratará de hacerlo, si le enseñan los sonidos que hacen los animales logrará articular alguno de ellos. Muestra preferencia por juguetes musicales: sonajeros, panderetas, tambores, cajas de música y muñecos que emiten sonidos cuando los aprieta.

A esta edad el bebé reconoce la voz de sus familiares y cuidadores y sabe dónde se encuentran a pesar de que no los vea. Le tranquiliza oírlos cuando juega y demuestra su placer cuando oye nanas y canciones infantiles, tanto, que intentará tararearlas o seguir el ritmo de la música con su cuerpo.

OLFATO Y GUSTO

A lo largo de la infancia el bebé encontrará en estos dos sentidos una fuente constante de placer. De los padres depende que el niño tenga la posibilidad de experimentar con sus sensaciones y de vivirlas con alegría. Si los padres se preocupan demasiado porque el niño coma y lo obligan a hacerlo, él asociará este momento con algo negativo. Si el comer le genera inquietud y rechazo se estará perdiendo una buena oportunidad para estimular sus sentidos. La hora de comer no tiene por qué convertirse en un momento de tensión. Al contrario, es un momento para pasárselo bien juntos y para hacer juegos especiales que estimulen su apetito: pruebe a cantarle una canción relacionada con la comida, hágale caricias en la boca y déjele oler el aroma de los alimentos. También puede mostrarle cómo disfruta usted sus comidas. Si el niño ve alimentarse a sus padres con agrado tratará de imitarlos. Hable con el niño mientras come, descríbale los sabores y olores de las cosas y dé muestras externas de placer: gestos, exclamaciones, suspiros, etc. Ver actuar a los padres de esta manera le resultará más estimulante que verlos perder la paciencia porque él no quiere comer.

CAPACIDADES LINGÜÍSTICAS

Es posible que en este mes el bebé diga sus primeras palabras aunque todavía no tenga clara la relación entre ellas y lo que se designa. Esto ocurrirá en los meses siguientes. Por lo general, esas primeras palabras son dos sílabas unidas que le resultan fáciles de repetir: «papapapa» «mamamamama». Esos sonidos los utiliza indiscriminadamente en situaciones muy diversas y referidas a distintas cosas: al biberón, a la cuna, a un juguete y, por supuesto, al padre y a la madre. Más adelante aprenderá a usar sonidos distintos para cada cosa.

Entre el lenguaje hablado y la comprensión del lenguaje media mucha distancia. Todavía no está preparado para dominar el primero pero sí que puede entender el significado de un gran número de palabras y de frases sencillas como: «dime adiós», «dame un beso», «ven conmigo», «trae el osito». Además reconoce su nombre, sabe cuándo están hablando de él y presta atención a lo que dicen.

De momento está en la fase de descubrir que las palabras no son los objetos, pero que sirven para referirse a ellos, es decir, que el bebé está en el proceso de asimilar el valor sígnico del lenguaje. A partir de esta edad el niño empieza a poner en práctica su capacidad de nombrar las cosas.

ASPECTOS SOCIALES

Es una etapa en la cual imita todo lo que hacen los demás. Observa con atención los distintos eventos que se desarrollan en su presencia y repite los gestos y actitudes de sus padres: la forma en que caminan o comen, cómo abren una lata, cómo hablan por teléfono, cómo conducen, etc. De ese modo se van fijando estructuras de comportamiento.

Ya que la imitación es repetitiva logra desarrollar destrezas manuales que antes no tenía. A la hora de alimentarse, por ejemplo, él tratará de llevarse el alimento a la boca con la cuchara hasta que un día logre hacerlo sin demasiado esfuerzo. El juego de repetir lo que ve es una forma de aprendizaje, una herramienta valiosísima que le prepara para desenvolverse en el mundo.

También está constantemente ejercitando la memoria y la capacidad de anticipación. Recuerda, por ejemplo, las visitas al pediatra o las vacunas y reacciona ante ellas dependiendo de las experiencias anteriores. Aunque su memoria es mayor, todavía no tiene capacidad para prever las consecuencias de sus actos, logra por ejemplo trepar por los muebles sin fijarse en las situaciones de peligro. Todavía depende mucho del cuidado de los adultos.

De otra parte, el niño ha descubierto cómo agradar a los adultos. Le gusta ser el centro de atracción e intenta complacer a quienes le prestan atención: hace payasadas, baila, aplaude, hace gestos. Le gusta sentir que es capaz de hacer reír a los demás.

NECESIDADES AFECTIVAS

El bebé se está convirtiendo, lentamente, en un ser independiente que manifiesta sus deseos, se dirige hacia las cosas que le gustan y tiene un buen dominio de su cuerpo: Durante este periodo necesita sentir confianza en sí mismo para superar las sensaciones contradictorias que experimenta: quiere estar pegado a mamá pero no puede evitar el deseo de alejarse para jugar y explorar. Si los padres le transmiten seguridad él puede vencer más fácilmente sus temores. Aprenderá a superarlos si le animan. El bebé se siente tranquilo cuando escucha a sus padres decirle que lo quieren, cuando lo abrazan y lo miman. Necesita que estén cerca para ayudarlo a superar las pataletas. No basta con reforzar los aspectos positivos, también es preciso enseñarle a manejar los sentimientos negativos y la mejor forma de hacerlo es con el ejemplo. Si los padres se molestan por algo que el niño hace deben decírselo, explicarle por qué están en ese estado y demostrarle que, a pesar de eso, su cariño es incondicional. En este tipo de situaciones, el bebé aprende a canalizar su propia frustración, descubre que hay formas de sobrellevarla y que las palabras permiten expresar los estados anímicos. Puede que no comprenda los pormenores de una situación específica pero sí que aprende a reaccionar frente a las dificultades siguiendo el modelo de sus padres.

Durante este mes el bebé pasará muy buenos ratos en compañía del padre. Necesita jugar con él porque está aprendiendo a reconocer las diferencias entre lo masculino y lo femenino. El vínculo con el padre le ayuda a diferenciar otros matices de la vida afectiva.

NECESIDADES ALIMENTICIAS

El bebé de once meses puede hacer de 2 o 4 tomas diarias de leche de, aproximadamente, 240 ml cada una. Depende de la cantidad de sólidos que reciba. Si el destete ya está avanzado es posible que tome leche dos veces al día: antes de dormir y al despertarse. Algunos bebés a esta edad hacen solo una toma por la noche. Completará sus necesidades alimenticias con las otras comidas. Lo recomendable es que el niño haga las tres comidas diarias: desayuno, comida y cena, y un tentempié por la mañana y una merienda, a media tarde.

Es posible que en este mes empiece a notar una disminución en la cantidad de alimentos que pide el niño y que tenga más problemas a la hora de alimentarlo. Hay dos motivos que lo justifican: el proceso de crecimiento es ahora más lento, por lo que es normal que el bebé presente una cierta pérdida del apetito y, de otra parte, ya es capaz de manifestar agrado o desagrado por ciertos alimentos. Es perfectamente normal que rechace algunos sabores que antes recibía y que prefiera comer las cosas que más le agradan. Mientras coma alimentos sanos y variados estará recibiendo los nutrientes que necesita.

NECESIDAD DE DESCANSO

Las pautas de descanso de un bebé de once meses no varían mucho con respecto al mes anterior. Duermen, por la noche, cerca de 12 horas y hacen dos siestas a lo largo del día; en total duermen entre 13 y 14 horas diarias.

A esta edad posiblemente ya hayan desaparecido por completo las alteraciones del sueño relacionadas con la ansiedad por la separación.

CUIDADOS

FRENTE A LAS PRIMERAS CAÍDAS

Cuando el bebé se mueve por sí solo son inevitables esas aparatosas caídas que tanto preocupan a los padres. Lo máximo que puede hacerse, en este caso, es adaptar la casa a las necesidades del niño y estar atento a sus movimientos. Los niños reaccionan de forma instintiva ante el peligro pero no son conscientes de que ellos mismos se ponen en una situación de riesgo.

Cuando esto suceda hay que advertirle y prohibirle ciertos actos. No subirse a una mesa, por ejemplo. Es un buen momento para que él comprenda el sentido de lo prohibido y de lo permitido aunque todavía no logre mecanizarlo.

A pesar de la inquietud que generen las caídas, el niño debe tener libertad de movimiento. La sobreprotección y el exceso de cuidados le generan inseguridad. El niño se asusta si ve que los padres gritan o ponen cara de preocupación cada vez que él se aventura.

Algunas recomendaciones

✓ Celebre cuando el niño asuma riesgos y los supere, pero eso sí, esté siempre vigilante por si necesita ayuda. Si trepa por un sillón muy alto lo más seguro es que en algún momento necesite que le den un empujoncito.

✓ No le diga todo el tiempo «te vas a caer», «te harás daño». El bebé fija con mucha facilidad este tipo de aseveraciones y asume que siempre está en peligro.

✓ No se culpabilice por las caídas. A pesar de ellas el bebé tiene que aprender a moverse por sí mismo. Todos los bebés han de caerse para aprender a caminar. No hay padres perfectos, solo padres que se esfuerzan por la felicidad de sus hijos y que deben sentirse satisfechos con su tarea. Es mejor reaccionar rápidamente ante una caída y tranquilizar al bebé, que ocupar tiempo y esfuerzo en culparse por algo inevitable.

✓ Recuerde que en ocasiones es más grande el susto que el dolor físico. En esos casos al niño le basta con caricias y palabras de consuelo que le resten importancia al suceso.

✓ En algunas caídas especialmente aparatosas es común que el niño se haga daño y sangre un poco. Si esto sucede aplíquele un poco de hielo para que pare la hemorragia.

✓ Si se da un golpe demasiado fuerte en la boca asegúrese que los dientes no han sufrido daño. Si algún diente está flojo o astillado, lo mejor es llevar el bebé al pediatra para que lo revise.

Recordatorio

✓ Vigile que los muebles en los que el bebé se apoya sean capaces de resistir su peso. Retire temporalmente estantes inestables, mesitas auxiliares y sillas ligeras.

✓ Deje al niño andar descalzo o con medias antideslizantes, como está aprendiendo a caminar necesita sentir el suelo y aprender a distribuir el peso de su cuerpo.

¿CONVIENE ENTRENAR AL BEBÉ PARA IR AL LAVABO?

A pesar de que el bebé no esté en condiciones de reconocer sus necesidades fisiológicas, muchos padres empiezan, por esta época, a sentarlo en el orinal para que se vaya acostumbrando. No hay una posición clara sobre ese punto. Algunos especialistas están de acuerdo con el condicionamiento y otros consideran que durante el primer año es bastante inútil insistir en que el bebé haga algo para lo que todavía no está preparado. Lo cierto es que el control de esfínteres no depende solo de la práctica. Es necesario que el organismo madure y que el niño pueda comprender los indicios que anuncian sus necesidades. Esto ocurre, en la mayoría de los casos, entre los 2 y los 3 años.

Durante el primer año el bebé aprende tantas cosas que presionarlo para que use el orinal le genera más frustración que contento. Si los padres persiguen al bebé para sentarlo en el orinal interrumpen sus actividades cotidianas y le privan de la posibilidad de ejercitar aquello que sí es capaz de hacer. Nuestra recomendación es postergar el momento de sentarlo en el orinal hasta que cumpla por lo menos 20 meses.

INCIDENTES Y PREOCUPACIONES MÁS FRECUENTES

POSTURA DE LOS PIES

Es común que los padres al ver a su hijo de pie crean que tiene problemas posturales. Les parece que tienen la planta del pie demasiado plana, que los pies están torcidos, o que las piernas están muy arqueadas.

Es perfectamente normal que los bebés tengan las piernas arqueadas porque esa era la postura que mantenían en el vientre materno. Se irán poniendo un poco más rectas cuando alcance la posición erguida y se vayan solidificando los huesos. Por lo general los niños no tendrán las piernas completamente rectas hasta los 10 u 11 años.

La planta del pie se ve completamente plana porque el arco está recubierto por una almohadilla de grasa. Esta característica le facilita el agarre al suelo y le ayuda a distribuir mejor el peso del cuerpo. El arco se irá formando a medida que el niño camine.

Si los pies se ven excesivamente torcidos, hacia dentro o hacia fuera, es preciso consultar al pediatra. Por lo general este tipo de problemas están relacionados con la postura que tuvo el bebé durante el embarazo pero tienden a desaparecer de forma espontánea. Si continúan durante demasiado tiempo necesitará tratamiento. Afortunadamente los huesos del bebé son muy flexibles todavía y las terapias suelen ser bastante exitosas.

TEMA DESTACADO

LOS CELOS ENTRE HERMANOS

Si el bebé tiene un hermano mayor es casi inevitable que se presenten episodios de celos. El hermano mayor puede ver al bebé como alguien que viene a usurpar su lugar. Los celos son un sentimiento natural, que experimentan casi todos los niños ante la llegada de un hermanito. Es importante que los padres sepan reconocer si su hijo está atravesando un episodio de celos y que, de ser así, sepan cómo manejar la situación.

¿CÓMO SABER QUE NUESTRO HIJO ESTÁ CELOSO?

Algunas de las conductas que podemos observar en nuestros hijos son las siguientes:

✓ Aumento del llanto: El niño celoso buscará, por encima de todas las cosas, que sus padres le devuelvan la atención que antes le prestaban. Rechazan la idea de tener que compartir el protagonismo familiar con un nuevo hermano y buscan la manera de llamar la atención. Frecuentemente interrumpen o incordian a los padres, sobre todo cuando estos están atendiendo al hermano pequeño. Los padres deben reconocer que este llanto se debe a una situación concreta y no permitir al pequeño que se acostumbre a utilizar el llanto como una estrategia para conseguir lo que desea.

✓ Desobediencia: Un niño celoso puede demostrar sus sentimientos mediante una conducta de desobediencia reiterada. El niño quiere, por un lado, llamar la atención de sus padres y, por otra, castigarlos por haberle quitado su lugar privilegiado dentro de la casa. En niños celosos, estos actos se vuelven frecuentes. Los padres deben ser capaces de comprender que la rebeldía tiene un motivo y, en lugar de reprimir al niño por ella, deben hacerle entender que nadie le está robando el cariño de sus padres. En ocasiones puede que suceda lo contrario: que el niño sea excesivamente complaciente. Esta manifestación de los celos puede llegar a pasar desapercibida para muchos padres. Pero cuidado. Un cambio repentino en la tendencia natural del niño a obedecer puede ser un indicador de que está atravesando un episodio de celos.

✓ Retraimiento: Muchas veces los niños celosos demuestran su sufrimiento mostrándose tímidos y retraídos. No permiten a sus padres tener la misma cercanía afectiva que antes de la llegada del hermano menor. Este retraimiento pasajero puede estar relacionado con un sentimiento de tristeza.

✓ Problemas del sueño: Si el niño percibe la presencia del bebé como un elemento perturbador es posible que presente alteraciones del sueño. Es frecuente que los niños celosos tengan problemas para conciliar el sueño o que se despierten a medianoche.

✓ Cambios en la conducta alimentaria: Que un niño se vuelva inapetente o que demuestre un apetito desmesurado son indicadores de que algo anda mal. Puede asociarse a un periodo de depresión en el cual el niño busca captar la atención de los padres que se muestran preocupados porque el niño no come de la misma forma que antes.

✓ Molestar al hermano menor: Es muy frecuente que un niño celoso demuestre sus sentimientos fastidiando a su hermano pequeño. El niño puede que empiece a comportarse de manera agresiva con el bebé. Lo que busca, de nuevo, es llamar la atención de sus padres, que se enfadan y se preocupan por lo que el niño está haciendo.

Es importante que los padres sepan manejar la situación, explicando o incluso aplicando un castigo suave al hermano mayor.

✓ Involución en su desarrollo: Cuando un niño está triste es posible que lo demuestre comportándose como si tuviera menos edad. Por ejemplo, es posible que el niño quiera volver a usar el chupete, hablar de manera más infantil o incluso que pierda transitoriamente el control de esfínteres que había alcanzado. Pero esta involución es transitoria y, por tanto, no debe dársele demasiada importancia. Los padres, en lugar de reprimir a los niños, deben tratar de hablar con ellos para que entiendan y acepten la situación.

¿CÓMO MANEJAR LOS CELOS ENTRE HERMANOS?

✓ Identificar el problema: Lo primero ante una situación como esta es saber realmente si lo que el niño tiene es un problema de celos.

✓ Detectar cuáles son las actitudes o cambios conductuales que indican que el niño está celoso.

✓ Hablar con el niño y hacerle comprender que la presencia de su hermanito no pone en peligro el afecto de sus padres. Explicar también es poner reglas. Estas normas deben ser claras y precisas, por ejemplo: no cargar nunca al bebé sin pedir permiso.

✓ Aplicar castigos suaves si el niño tiene conductas agresivas con el hermano pequeño.

✓ Valorizar al hijo mayor. Esto significa tenerle en cuenta, mimarlo y admirarlo. A fin de cuentas, lo que el niño necesita es que sus padres le presten un poco más de atención. Este trato ayudará a que el niño no se sienta culpable por los sentimientos negativos que pueda sentir por su hermano menor.

✓ No hacer bromas de los sentimientos de celos del hermano mayor hacia el pequeño.

✓ No sobreproteger excesivamente al bebé sin pensar en el primer hijo.

✓ Hacer al niño partícipe de la nueva situación. Se le puede pedir al niño que colabore en algunas tareas relacionadas con el hermano menor, como por ejemplo a la hora del baño. No obstante, hay que tener cuidado de no dejar al mayor a cargo del bebé o a solas con este si no tiene la edad para hacerlo.

✓ Un hermano mayor puede ser un compañero ideal de juegos. Invítelo a jugar con el bebé, siempre teniendo cuidado de que no le haga daño.

✓ Es necesario respetar la curiosidad del niño mientras los padres atienden al bebé y permitirle que lo mire de cerca, lo toque, etc., sin hacerle sentir que va a hacerle daño.

✓ Muchas veces hay que recordar a familiares y amigos que al mimar al bebé deben tener también una atención con el hermano mayor.

✓ No hacer comentarios de comparación entre los hermanos.

✓ Una forma de prestarle atención al primer hijo es encargarle tareas de hermano mayor, en las cuales no participe el bebé.

✓ Dedíquele tiempo exclusivo al hijo mayor. Realice con él actividades especiales y divertidas.

EL BEBÉ DE DOCE MESES

El bebé de doce meses es una personita muy independiente que no para de jugar, de moverse, de reír y de crecer. Cada día que pasa le depara una sorpresa. Se ha vuelto un ser autónomo, con capacidad de tomar pequeñas decisiones, y que disfruta con el dominio que tiene sobre sí mismo y las cosas que lo rodean. Ha cambiado tanto y tan deprisa desde que nació que resulta increíble tener en casa a un bebé casi listo para echarse a andar.

DESARROLLO MOTRIZ

✓ Si se le sostiene de las manos es capaz de mantener el peso de su cuerpo sobre las piernas.

✓ Cuando está sentado se agarra de los muebles para levantarse. Tira con fuerza hasta que logra incorporarse. Se desplaza a lo largo de los muebles. Primero utilizará las dos manos para sujetarse, pero a medida que vaya ganando confianza soltará una de las manos y aprenderá a bordear los muebles pasando una mano por encima de la otra.

✓ Superada la etapa anterior empezará a atravesar un espacio vacío para alcanzar el punto de apoyo más cercano.

Si está apoyado en la cama, por ejemplo, estirará la mano hasta alcanzar una silla o la mesita de noche. El caso es que aprende a atravesar una distancia mínima con ayuda de sus manos. A partir de allí está muy cercano el momento en el que se aventure a dar los primeros pasos. Lo hará cuando logre distribuir bien el peso del cuerpo en los dos pies y mantenga el equilibrio a la hora de dar el paso. La mayoría de bebés dan los primeros pasos entre los 12 y los 15 meses.

✓ En cuanto a la motricidad fina el pequeño de doce meses es ya muy hábil con las manos, puede coger objetos muy pequeños utilizando la prensión en pinza y sabe activar mecanismos sencillos: apagar o encender una luz o el aparato de música. Ya sabe adaptar la mano al tamaño de los objetos.

CARACTERÍSTICAS FÍSICAS

PESO

El peso de un bebé de doce meses oscila entre los 8300 g y los 10000 g. El peso promedio para los varones es de unos 9400 g y el de las niñas de 9100 g aproximadamente.

Durante este mes aumentan en promedio unos 70 g semanales.

TALLA

La talla del bebé en relación a su peso puede ir desde los 73 a los 78 cm. La talla promedio para los varones es de unos 75 cm y la de las niñas de unos 74 cm, aproximadamente. Terminado el primer año el crecimiento del bebé se ralentiza un poco, a partir de allí bastará con hacer un control mensual para comprobar el aumento gradual de su peso y talla.

ASPECTOS FUNCIONALES

VISTA

Como hemos dicho anteriormente la vista del bebé se va agudizando a medida que mejoran sus capacidades táctiles y su ubicación en el espacio. Ya puede distinguir objetos muy pequeños en la distancia y reconoce las características externas de las cosas con solo mirarlas. Además logra identificar algunas cosas solo con ver una pequeña parte de las mismas. Le basta con ver, por ejemplo, la rueda del cochecito para reconstruir en su mente la imagen total.

Los bebés son observadores natos que quieren entender cómo funciona el mundo. Como en este periodo tienen mayor capacidad de concentración se distraen enormemente viendo y tocando lo que les rodea. Nada escapa a su atenta mirada: plantas, animales, juguetes, libros, piezas de construcción, fotos, etc.

Dele a su niño la oportunidad de familiarizarse con los objetos de la casa. A veces estos les resultan más interesantes que los juegos especiales para bebé.

TACTO Y APTITUDES MANUALES

✓ El bebé de doce meses tiene una buena memoria táctil. Puede reconocer algunas texturas sin necesidad de verlas. Identifica los objetos cotidianos valiéndose solo del tacto. Reconoce sus muñecos preferidos, el biberón, su mantita, etc.

✓ Tiene un excelente control de sus aptitudes manuales. Ya es muy diestro en manipular objetos pequeños, en palparlos y moverlos a voluntad. Cuando se le cae un juguete lo sigue con la vista y va a buscarlo.

✓ Pasa una gran parte del tiempo entreteniéndose solo en actividades como: meter y sacar objetos de un recipiente; abrir y cerrar cajas, tirar y recoger sus juguetes o construir pequeñas torres para luego echarlas al suelo. Este tipo de juegos le ayudan a desarrollar la coordinación ojo-mano y le permiten identificar las relaciones de causa y efecto o conceptos como dentro y fuera, o arriba y abajo.

✓ Ahora que sus movimientos son más coordinados es capaz de agarrar la taza para beber y puede que ya haya aprendido a beber sin echarse el líquido encima. También es capaz de aplaudir y de hacer el gesto de despedida.

✓ Ha aprendido a soltar las cosas a voluntad y disfruta jugando con sus padres a dar y recibir: Él les entrega un juguete y luego extiende la mano para que se lo devuelvan. Es un juego social de intercambio que le encanta practicar. Al final de este periodo logrará jugar con una pelota y la lanzará en la dirección que desea.

OÍDO

Un bebé de doce meses identifica toda una gama de sonidos familiares: desde el timbre del teléfono hasta la melodía de sus canciones preferidas. Tiene sentido del ritmo, disfruta con la música y, en ocasiones, se anima a bailar.

De otra parte, es capaz de reconocer algunas voces sin necesidad de ver a las personas. Le gusta que le hablen mientras juega porque es una forma de estar en contacto con sus padres, de cerciorarse de que están cerca.

Ahora comprende palabras y frases sencillas. Intenta responder a algunas preguntas moviendo la cabeza y comprende ciertas peticiones que le hacen sus padres: «Dame la pelota», «ven, coge el osito», «muéstrame el triángulo amarillo». Obviamente, este tipo de actividades forman parte del desarrollo general de su inteligencia. El bebé relaciona y reconoce imágenes, objetos, colores y acciones porque ha escuchado con anterioridad las palabras que los designan. El bebé necesita que le hablen constantemente, que le señalen los objetos, que le repitan las palabras, los sonidos y, sobre todo, necesita oír el nombre exacto de las cosas. Es mejor decirle «mira ese perro» que «mira ese animalito». Aunque el niño no tenga la capacidad de reproducir todas las palabras, ya comprende el significado de una buena cantidad.

OLFATO Y GUSTO

Identifica muy bien el olor y el sabor de sus alimentos preferidos. Hay unos sabores, texturas y olores que le resultan más agradables y apetecibles. Una buena forma de saber sus gustos es ofreciéndole en una misma comida tres o cuatro tipos de alimentos distintos en trocitos, por ejemplo, plátano, queso, verdura cocida o carne o pollo. Sin lugar a dudas el bebé comenzará por lo que más le gusta y, es posible, que deje en el plato alguno de ellos. Reconocer el gusto peculiar del bebé le ayudará a alimentarlo con más facilidad aunque, claro está, que se ha de seguir diversificando su alimentación.

CAPACIDADES LINGÜÍSTICAS

A través de los meses el bebé ha ido ejercitando sus capacidades lingüísticas al experimentar con toda una serie de sonidos, vocalizaciones y tonos que culminarán en la articulación de las primeras palabras con sentido específico. Si en los meses anteriores era capaz de juntar dos sílabas al azar ahora irán apareciendo palabras que cumplen la función de frases complejas. Veamos, un bebé de doce meses, posiblemente ya sabe decir dos o tres palabras (puede que más) como: «mamá», «papá» y «tete». Aunque el vocabulario pueda parecer muy reducido, él logra comunicar muchas más cosas dependiendo de la situación específica en la que se encuentre. De modo que una palabra como «tete» le sirve para expresar su necesidad de alimento o de cariño porque viene acompañada de una gesticulación especial o de un tono específico. Y aún más, esa palabra le sirve para explicar acciones o procesos más complejos. Es posible, por ejemplo, que el bebé diga «tete» cuando le pregunten «¿dónde está mamá?». Esta respuesta que en apariencia no tiene nada que ver con la pregunta es el resumen de una serie de eventos que el niño condensa valiéndose del elemento sobresaliente. Esta palabra puede contener una frase implícita del tipo «Ha ido a buscar mi tete».

Poco a poco, el bebé va aprendiendo a expresar y a comprender una mayor cantidad de palabras y frases. Ahora, por ejemplo, comprende el significado de la palabra «no» y la utiliza para manifestar su desacuerdo aunque en ocasiones se trate simplemente de un juego.

En esta edad los bebés practican incesantemente todo lo que han aprendido. Un bebé de doce meses parlotea, grita, canta e interviene en las conversaciones de los adultos.

ASPECTOS SOCIALES

El bebé se relaciona con otras personas distintas a sus padres aunque en algunos momentos siga mostrándose tímido y reticente. Esto quiere decir que todavía experimenta estados de ansiedad por el alejamiento de sus padres pero que está aprendiendo a superarlos por su propia cuenta.

A esta edad el bebé disfruta mucho de la compañía de otros niños. No juegan juntos pero le agrada estar cerca de ellos. Los observa con atención y aprende cosas nuevas, sobre todo cuando está en contacto con bebés un poco más grandes que él. Si comparte una buena parte de su tiempo con otros niños, por ejemplo en la guardería, es posible que se presenten algunos enfrentamientos. Un bebé de doce meses no tiene la capacidad de comprender la idea de compartir, así que perfectamente puede ir a quitarle un muñeco a otro bebé y quedarse muy sorprendido si el otro niño llora o le pega. Él siente que sus necesidades están por encima de cualquier cosa. De momento no tiene la capacidad de considerar las necesidades de los demás, solo las suyas.

NECESIDADES AFECTIVAS

A lo largo del primer semestre el bebé ha mantenido una relación muy estrecha con la madre, pasado este periodo va al encuentro del padre y descubre nuevos matices afectivos. Al final del primer año aparece una variante: el bebé empieza a disfrutar más de la compañía del padre de sexo opuesto. Una niña será más afectuosa con el padre y un niño con la madre. Necesita este tipo de contacto para ir diferenciando los roles sexuales y las particularidades de su condición.

De otra parte, el bebé necesita que le ayuden a afirmar su

individualidad, que le presten atención a sus gustos y pre-ferencias, y que respeten sus pequeñas decisiones. Él ya está preparado para expresarlas: dice «no» cuando algo le desa-grada y espera que tengan en cuenta sus negativas. En caso contrario, se pone irascible y gruñón. Es importante recordar que no hace este tipo de cosas solo por llevar la contraria. Las hace porque de ese modo afirma su personalidad.

El bebé tiene necesidad de desarrollar su independencia aun-que todavía no tenga control total de sus actos. Con cierta frecuen-cia tiene accesos de llanto o de rabia, especialmente cuando no puede hacer lo que se propone o cuando los padres le llevan la contraria. Es un choque inevitable, ya que los padres velan por su seguridad y establecen unas pautas que no se pueden violar. La autonomía del bebé necesita de límites y de control.

Ahora que el bebé está a punto de caminar es preciso vigi-larlo muy de cerca para que no se haga daño. Él no tiene con-ciencia del peligro ni puede prever las consecuencias de sus actos. Lo que le interesa es lograr a toda costa lo que quiere. Intenta, por ejemplo, subir a la mesa del comedor para alcan-zar un juguete. Así que, sin pensarlo demasiado, trepa por las sillas, tira del mantel y se empina en el borde del asiento. El pro-blema es que no puede prever las situaciones de riesgo ni anti-cipar las dificultades posteriores. Una vez que tenga el jugue-te en la mano se da cuenta de que no sabe cómo bajar de allí. Si esto sucede estando solo puede tener un accidente. Los bebés de esta edad se ponen constantemente en situaciones de ries-go, por esa razón necesitan de mucho más control que antes.

NECESIDADES ALIMENTICIAS

A los doce meses el bebé ya come casi de todo. Se les puede dar lo que come el resto de la familia siempre que no sean ali-mentos demasiado fuertes o condimentados.

Por lo general continúan tomando biberón o pecho antes de ir a la cama. Deben tomar leche, en vaso o biberón, por lo menos en las otras dos comidas centrales, como acompañamiento, y una cantidad un poco mayor en las meriendas.

Recuerde que la dieta del niño tiene que ser muy sana y equilibrada. Ha de consumir una buena cantidad de cereales enriquecidos; frutas, en zumo o en rodajas; pan integral, yogures y queso, hortalizas, verduras, legumbres y carnes.

No le de de comer siempre. Déjelo alimentarse con sus propias manos y anímelo a que use la cuchara. Póngalo en la trona junto a la mesa familiar para que aprenda a comer viendo a los demás.

Ahora ya puede comer:
- Huevo entero en tortilla o pasado por agua
- Frutas que no haya probado por temor a alergias: fresas, frambuesas, etc.
- Legumbres mezcladas con el puré de verduras
- Ensaladas con verduras crudas

Todavía no puede comer:
- Golosinas, dulces, caramelos, etc.
- Guisos en los que se utilice alcohol o que estén demasiado condimentados
- Alimentos fritos en demasiado aceite
- Embutidos
- Ahumados
- Frutos secos
- Quesos curados
- Moluscos

Recordatorio

Es aconsejable evitar el consumo de azúcar procesado o, por lo menos, retrasar el momento de integrarlo a la dieta. Las calorías que este aporta se pueden obtener de una forma más saludable. Siempre es mejor ofrecer una fruta que un caramelo.

NECESIDAD DE DESCANSO

Un bebé de doce meses duerme entre 12 y 14 horas diarias repartidas en dos siestas de aproximadamente 1 hora cada una y el resto en sueño nocturno. Hay bebés que quizá necesiten dormir un poco menos o un poco más. La cantidad de sueño depende de la actividad que realicen durante el día y de la energía que necesiten recuperar. Ahora que están en constante actividad suelen dar más señales de cansancio, empiezan a quedarse dormidos mientras juegan y hasta puede que lleguen a cerrar los ojos estando de pie.

El bebé trata de resistir al sueño nocturno porque le interesa participar activamente de la vida social. Si sus padres o hermanos están activos, él intentará quedarse despierto un poco más hasta que ya no resista. Igual sucede cuando hay una reunión familiar. La vida social lo excita y altera sus ritmos de sueño.

CUIDADOS

ESTIMULAR LA CAPACIDAD DE APRENDIZAJE DEL BEBÉ

La capacidad de aprendizaje de un bebé está directamente relacionada con la cantidad de información que posee y con la forma de relacionar los conocimientos aprendidos. Más que enseñarle a hacer cosas lo que el niño necesita es un medio estimulante y la posibilidad de interactuar con las personas que lo rodean. Si los padres se muestran receptivos, atentos y dispuestos al juego facilitarán enormemente este proceso.

Cuando el niño juega con los padres no recibe solo información, también recibe afecto y confianza, elementos indispensables para aprender. Ahora bien, vale la pena recordar que los juegos de estimulación se deben realizar en los momentos en que el bebé esté especialmente receptivo, si está cansado, si está jugando solo o si está comiendo es mejor esperar un momento más idóneo. Quizá después del baño o poco después de terminar la siesta. Usted seguramente ya reconoce esos momentos mejor que nadie.

Cinco principios básicos

✓ No hay que saturar al bebé con información: siempre es mejor centrarse en algo, por ejemplo, en dar y recibir cosas, y una vez que lo haya aprendido –quizá haga falta repetirlo durante algunos días–, buscar otro juego que le interese.

✓ No fuerce al bebé a prestarle atención. Si el bebé pierde el interés abandone el juego. El proceso de aprendizaje ha de estar relacionado con sensaciones positivas. Lo más importante es que el bebé se sienta feliz y se divierta.

✓ No basta con hablar, es necesario interactuar. Para que el niño pueda aprender algo ha de ver la forma como se hace, no basta con explicársela, él necesita jugar, es decir, implicarse completamente en las acciones, vivirlas con emoción.

✓ No espere que el niño se convierta en un genio. Este no es el papel de la estimulación. Si las expectativas con respecto a la inteligencia del bebé son muy altas, inconscientemente se le estará exigiendo responder a ese ideal y se le estará presionando para hacer algo para lo cual él no está preparado. Ese sentimiento es muy frustrante para el niño. Para él lo más importante es agradar a sus padres y sentirse querido. Si no encuentra refuerzo y apoyo incondicional se volverá más retraído.

✓ Nunca se ha de perder de vista que el papel de la estimulación es brindarle al bebé experiencias positivas que le ayuden a comprender cómo y por qué suceden las cosas, qué se hace con ellas, para qué sirven. Mientras más experiencias de ese tipo tenga el bebé más herramientas tiene para aprender. La práctica le ayuda a desarrollar los distintos aspectos de su inteligencia.

¿Qué hacer con el bebé?

✓ En primer lugar observe con atención el tipo de actividades que realiza el bebé para determinar el tipo de juegos que le pueden interesar. Si, por ejemplo, durante los últimos días juega a aplaudir y a cantar, entonces cante con él, enséñele juegos rítmicos, muéstrele la forma de tocar un tambor y deje a su disposición objetos musicales. Pasado algún tiempo perderá el interés en esos juegos y cambiará de actividad, construirá pequeñas torres, querrá ver un libro, etc. Varíe entonces los juegos respetando siempre los intereses del niño.

✓ Cuando juegue con el bebé mantenga siempre el contacto visual y háblele con claridad esperando que responda o actúe.

✓ Mire libros con el bebé, señálele las figuras al tiempo que las nombra y permítale demostrar sus conocimientos: pregúntele, por ejemplo, ¿dónde está... el patito? Felicítelo cuando logre hacer lo que usted le pide y anímelo a seguir. Si quiere que su bebé sea en el futuro un buen lector empiece desde ahora. Empiece a leerle historias antes de dormir. El bebé estará encantado.

✓ Ofrézcale al bebé juguetes variados con los que pueda practicar sus habilidades manuales: cubos de construcción, puzzles, aros de ensartar, cajas y recipientes de distintos tamaños, etc.

✓ Cuando usted esté haciendo alguna acción que le cause curiosidad al bebé, por ejemplo, cepillarse los dientes, deje que el niño vea y muéstrele el tipo de movimientos que hace. Recuerde que el bebé tiene una gran capacidad de imitación. Si usted exagera un poco los gestos y le habla animadamente el niño podrá centrar su atención con más facilidad.

INCIDENTES Y PREOCUPACIONES MÁS FRECUENTES

PÉRDIDA DEL APETITO

Una de las consultas más frecuentes en este periodo está relacionada con la pérdida del apetito. El bebé deja de comer en las cantidades que antes lo hacía porque el ritmo de crecimiento se ralentiza. La cantidad de ejercicio físico junto con esa pequeña disminución en la cantidad de alimento hace que la figura del bebé se haga más estilizada. Durante el primer año el crecimiento de un bebé sucede a un ritmo muy rápido, en solo 12 meses ha aumentado cerca de 7 kg. La cantidad de alimento que consume un bebé de 12 meses es similar a la que consumía entre los 9 o los 10 meses. Más que la cantidad de alimento debe procurarse que su dieta sea sana y variada, de modo que le aporte todos los nutrientes que necesita.

Este es un buen momento para acostumbrarlo al menú familiar, cuidando, eso sí, que la dieta incluya alimentos de los distintos grupos y en las cantidades indicadas por el pediatra. Las comidas deben ser a horarios regulares.

AUMENTO EN LA ACTIVIDAD DIARIA

Un bebé de doce meses no para de moverse. Tiene demasiada energía y parece que nunca se cansa. Lo que antes era fácil de hacer se convierte en una tarea complicada: vestirlo, bañarlo, cambiarle el pañal. En estas situaciones es común que haga movimientos bruscos y ofrezca resistencia. La habilidad y la rapidez se convertirán en las mejores herramientas de los padres junto con la previsión. No se debe dejar al bebé solo en la bañera o al cambiarlo.

Como siente curiosidad por lo que hay alrededor es muy importante velar por su seguridad. Manténgalo alejado de las fuentes de calor, revise que los aparatos eléctricos estén fuera de su alcance, y que las puertas y ventanas tengan cierres de seguridad.

Fuera de casa también es necesario extremar precauciones. El niño es muy ágil y se mueve con rapidez. Recuerde que la mejor forma de evitar accidentes es vigilar constantemente la actividad del niño.

TEMA DESTACADO

GANAR AUTONOMÍA: LOS PRIMEROS PASOS

Alcanzar la posición erguida y caminar forma parte de un lento proceso que inicia desde el momento mismo de nacer. A lo largo del año el bebé ha ejercitado toda una serie de habilidades físicas y ha madurado emocionalmente hasta alcanzar el grado de autonomía que ahora tiene.

Primero logra dominar la cabeza, sencillo acto con el que puede empezar a ejercer su voluntad: mirar los objetos cercanos y relacionarse con ellos. A continuación va ganado fuerza en la espalda y en los brazos hasta que puede mantenerse sentado. Después comienza a hacer pruebas de resistencia con sus piernas. Esto es, patalear y tratar, con ayuda de sus padres, de sostener parte de su peso en ellas. También ha estado entrenando su motricidad fina.

Luego vienen las pruebas de fuego: aprende a gatear, ejercitando aún más sus piernas para momentos decisivos. Y pasados algunos meses, se siente tan fuerte que intenta levantarse por sus propios medios, valiéndose de algún apoyo. Así que el niño se levanta en sus piernas y se sienta, repetidas veces, tantas como necesite para adquirir coordinación corporal. Inconscientemente también está aprendiendo a caerse con delicadeza.

Entonces comienza a hacer sus primeros pinitos, agarrado de las mesas, los asientos, cuanto parapeto encuentre a su paso. En ese momento ya puede caminar de la mano de sus padres. Mientras lo hace pone a prueba su equilibrio y lo examina, intenta movimientos desafortunados y afortunados: danza sobre sus pies, los levanta con exageración, se da cuenta de que el trasero le pesa y que le cuesta distribuir su peso.

Es importante que el niño se ejercite tanto como quiera

antes de lanzarse a la gran aventura. Debe tener espacio y oportunidades suficientes para ejercer su autonomía. Por esto, podría resultar frustrante para él quedarse metido en su cochecito mirando desde platea el gran escenario del mundo en donde todo se mueve a su capricho, todo es apetecible, digno de tocarse o de llevarse a la boca.

Por arduo que resulte el trabajo de estar vigilándolo constantemente para que no se haga daño y no corra peligro, sobre todo en la calle, es la única forma de fortalecer su confianza.

Ya verá que una vez el niño logre caminar por sus propios medios habrá ganado independencia. Una autonomía que deseaba con toda su fuerza, porque ya no estará más a merced de la voluntad de los adultos y podrá empezar a tomar sus propias decisiones, al menos en lo concerniente a ir de un lado para otro de la casa, o escoger los juguetes siguiendo solo sus intereses.

Deje que lo intente cada vez que lo desee. Y no se preocupe por las caídas. Cuando un niño intenta caminar y de repente se siente inseguro, se deja caer suavemente sobre el trasero, un acto que ha ensayado hasta el cansancio.

CADA CUAL A SU PROPIO RITMO

En teoría los niños caminan solos entre los 12 y los 15 meses, aunque no es obligatorio que empiecen a hacerlo a esta edad. En realidad, todo depende del grado de madurez física y neurológica que posean y de las oportunidades que hayan tenido de ejercitar sus capacidades. Influyen factores tan caprichosos como el peso: es probable que los niños con sobrepeso tarden un poco más que los niños delgados.

También es lógico que el susto causado por una caída dolorosa los haga menos osados a la hora de aventurarse a caminar por su propia cuenta. Incluso el nerviosismo de sus padres podría retardar el proceso: si lo único que el niño ve son caras de espanto cada vez que lo intenta, pensará que es algo peligroso de verdad. A fin de cuentas son su punto de referencia más inmediato e importante.

Algunos padres tienden a ser competitivos con sus hijos cuando se encuentran con otras parejas que tienen niños de la misma edad. Inconscientemente comparan a sus bebés mientras van escuchando las cualidades de uno y otro: «el mío me miró a los ojos a los cinco minutos de nacer» y «el mío sonrió antes de los tres meses», o «el mío ayer caminó por toda la casa sin apoyarse en nada». Aunque suene redundante, no caiga en las comparaciones. Cada niño está condicionado por su ambiente y cada uno hace las cosas a su debido tiempo.

COMPORTAMIENTO DE LOS PADRES

Todos los niños caminarán en el momento que estén listos. Sin embargo, es necesario estimularles la práctica con ciertas trampillas dispuestas en el espacio por donde se mueve. Una buena manera de empezar es dejándole distintos muebles cerca para que se apoye en ellos y camine. De igual manera está bien dejarle los juguetes más sugestivos a cierta distancia, cosa que le animará a ir en su busca como pueda.

Cuando el niño camina sujeto de las manos de alguno de los padres se ejercita y comprueba, por su propia cuenta, que es una actividad cómoda, segura y divertida. Es importante saber que el niño solo se soltará de la mano protectora cuando tenga suficiente estabilidad. Al comienzo puede darle un poquitín de miedo, o vértigo, pero terminará por hacerlo con mucho gusto. Celebre con el niño cualquier avance significativo, le encantará saber que sus padres se sienten orgullosos y contentos. Es más que seguro que intentará hacer lo mismo, una y otra vez, solo para complacerlos.

Vale la pena anotar que no hay que apurarlo a que se suelte. Solo él sabe cuál es el momento oportuno para andar, el de mayor seguridad y equilibrio.

En ningún caso hay que obligarlo a estar de pie o a caminar si no se muestra interesado. Tanta ansiedad por parte de los padres podría despertar sospechas en el niño, hacerlo sentir incómodo y nervioso. Tranquilidad es el lema en cualquier ocasión. El niño debe sentir que caminar es de lo más normal, como de hecho lo es, y no que se trata de una competición. Basta jugar con él y facilitarle las cosas. Estimularlo, indicándole de vez en cuando un juguete, tomándolo de la mano para que el desplazamiento le sea más fácil, y jugando a que vaya de los brazos de mamá a los de papá en una distancia muy pequeña.

Cuando el niño aprende a caminar y de pronto vuelve al gateo no se trata de una regresión ni nada por el estilo. Se desplazará de la manera que le resulte más cómoda en un momento dado. No hay que preocuparse.

CONSEJOS

He aquí algunos consejos que podrían serle de mucha ayuda en el momento de los primeros pasos de su bebé:

✓ Que ande descalzo en la casa. Los zapatitos son nada más que para protegerlo en la calle. Un niño calzado no

puede ajustar bien sus movimientos ni la postura de los pies. Tiene que poder sentir el suelo.

✓ Ponerle calcetines antideslizantes para que no sufra caídas.

✓ Acondicionar un lugar de la casa exento de peligros.

✓ Hacerle ciertas prohibiciones referidas a su seguridad en casa. Prevenirlo sobre enchufes, cables eléctricos, ventiladores, etc. Pese a todo no es bueno estar reforzando estas prohibiciones todo el tiempo. Basta un «no» enérgico para que quede claro. Si lo entiende de inmediato felicítelo.

INMUNIZACIÓN DEL BEBÉ

El bebé al nacer no tiene un sistema inmunitario, tal y como se entiende en los adultos. Los primeros meses de vida obtiene defensas de los anticuerpos que obtuvo durante la lactancia y la gestación (recibía los anticuerpos a través de la placenta). Mientras crece empieza a producir anticuerpos y a fortalecer con ello su sistema defensivo. La vacunación es de vital importancia para que el organismo del bebé pueda combatir las posibles agresiones de virus y bacterias y demás agentes patógenos.

Las vacunas previenen de una serie de enfermedades infecciosas muy peligrosas para la salud del bebé como:

Difteria: Es una infección de la garganta que ataca también el sistema nervioso y que puede extenderse hasta el corazón.

Haemophilus influenza b (HiB): Causada por una bacteria que causa enfermedades graves como la neumonía y la meningitis.

Hepatitis B: Enfermedad de origen vírico que ataca el hígado provocándole inflación y lesiones de carácter crónico.

Meningitis: Enfermedad bacteriana que provoca la inflamación del cerebro.

Paperas (o parotiditis): Infección vírica que provoca una inflamación dolorosa de las glándulas salivares. Ataca el sistema nervioso y produce meningitis.

Poliomelitis: Causada por un virus que afecta el sistema nervioso y que produce parálisis permanente, puede llegar a causar la muerte si ataca los músculos respiratorios.

Rubéola: Es una enfermedad eruptiva acompañada de fiebre. Si se llega a presentar durante el embarazo puede producir malformaciones graves en el feto.

Sarampión: Enfermedad vírica que causa infecciones respiratorias, convulsiones y lesiones cerebrales.

Tétanos: Causado por una bacteria. Puede ser mortal. Provoca dolorosos espasmos que pueden llegar a causar la parálisis de los músculos.

Tos ferina (o pertussis): Enfermedad bacteriana que provoca una tos persistente acompañada de vómitos, convulsiones y lesiones pulmonares.

Tuberculosis: Enfermedad bacteriana que afecta los pulmones.

CALENDARIO DE VACUNACIÓN

Consejo interterritorial del sistema nacional de salud

EDAD / VACUNAS	2 meses	4 meses	6 meses	12 meses	15 meses	18 meses	3 años	4 años	6 años	10 años	11 años	13 años	14 años	16 años
Poliomielitis	VPO 1	VPO 2	VPO 3		VPO 4			VPO 5						
Difteria Tétanos Pertussis	DTP 1	DTP 2	DTP 3		DTP 4			DTP o DT					Td (***)	
Haemophilus influenzae B	HiB 1	HiB 2	HiB 3		HiB 4									
Sarampión Rubéola Parotiditis				TV 1 (*)			TV 2				TV (****)			
Hepatitis B											HB 3 dosis (**)			
Meningitis Meningocócica C	1	2	3											
Tuberculosis	Solo en el país vasco a los 0 meses.													

(*) En situación de especial riesgo una dosis a los 9 meses o antes.
(**) También se vacunarán recién nacidos cuando las Autoridades Sanitarias lo estimen oportuno, así como a los recién nacidos hijos de madre portadora y a los grupos de riesgo.
(***) Se aconseja proceder a la revacunación cada 10 años.
(****) Niños que no hayan recibido una segunda dosis antes de los 6 años.

Nota: Este cuadro está tomado de la página oficial del Ministerio de Salud

TABLAS DE PESO, TALLA Y PERÍMETRO CRANEAL

PESO Y TALLA EN NIÑAS

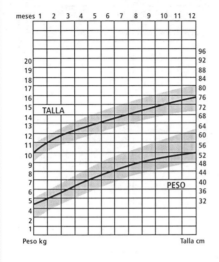

PESO Y TALLA EN NIÑOS

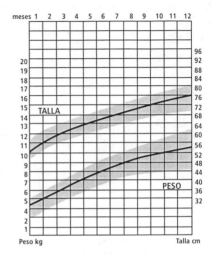

PERÍMETRO CRANEAL NIÑAS

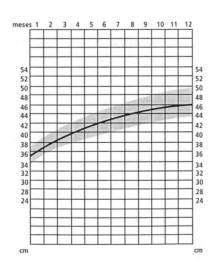

PERÍMETRO CRANEAL NIÑOS

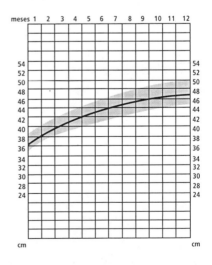

7/16 ⑥ 11/13